निर्मल वर्मा और उत्तर-उपनिवेशवाद

सुधीश पचौरी

राधाकृष्ण प्रकाशन

ISBN : 978-81-7119-820-7

निर्मल वर्मा और उत्तर-उपनिवेशवाद

पहला संस्करण : 2003
This book is printed on **Print on Demand** Technology : 2025

मूल्य : ₹395

प्रकाशक
राधाकृष्ण प्रकाशन प्राइवेट लिमिटेड
जी-17, जगतपुरी, दिल्ली-110 051

शाखाएँ : अशोक राजपथ, साइंस कॉलेज के सामने, पटना-800 006
पहली मंजिल, दरबारी बिल्डिंग, महात्मा गांधी मार्ग, प्रयागराज-211 001
1, अनमोल सोराबजी संतुक लेन, धोबी तलाव, मरीन लाइंस, मुम्बई-400 002
वेबसाइट : www.radhakrishnaprakashan.com
ई-मेल : info@radhakrishnaprakashan.com

NIRMAL VERMA AUR UTTAR-UPNIVESHVAD
by Sudhish Pachauri

भूमिका

इस पुस्तक को लिखवाने का श्रेय मदन सोनी को ही जाता है वरना निर्मल पर काम करने का इरादा कुछ देर से ही बनता। एक दिन अचानक मदन भाई का पत्र आया। वे चाह रहे थे कि निर्मल पर उन्होंने जो टिप्पणियाँ लिखी हैं उन्हें एक किताब की शक्ल दी जाए और उनके लिखे के बारे में मैं कुछ लिखूँ !

इस बात का संकेत मुझे महात्मा गांधी अन्तर्राष्ट्रीय हिन्दी विश्व-विद्यालय में कार्यरत प्रिय श्री पीयूष दइया ने और मेरे सहकर्मी रहे और अब इसी विश्वविद्यालय में कार्यरत प्रिय श्री प्रभात रंजन ने काफी पहले दिया था कि मदन जी ऐसा चाहते हैं। मैं सोचता था कि मदन जी क्यों ऐसा चाहेंगे ? और, अगर चाहेंगे तो देखी जाएगी। एक तो मदन जी का स्कूल अलग। तिस पर निर्मल वर्मा जैसा हिन्दू स्कूल और फिर मेरा अपना उत्तर-मार्क्सवादी-पोस्टमॉडर्निस्ट खेल। मैं निश्चिंत था कि मदन जी को अपने 'खेल' की गलती का जल्दी ही अहसास होगा और बात

आई-गई हो जाएगी। मैं झंझट से बच जाऊँगा। लेकिन मदन पक्के खिलाड़ी निकले। एक दिन कूरियर से उनका पैकेट आ ही तो गया।

जब उनका पत्र आया था मेरा माथा तभी ठनका था और अब तो मामला सामने था। मदन जी का इरादा क्या है ? कहीं इसमें अशोक वाजपेयी जी का तो कोई खेल मदन सोनी की मार्फत नहीं है ? कहीं मदन जी मेरी परीक्षा तो नहीं ले रहे ? कहीं वे मुझे चुनौती तो नहीं दे रहे कि बेटा निर्मल पर लिखो तो जानें। कई तरह की टुच्ची बातें इस टुच्चे समय के अनुरूप आईं, गईं। लेकिन जल्द ही सब निपट गया। अपने साहित्य के खेल में 'निर्भय निरगुन' गाने का भाव ही प्रबल रहता है। इतने वितर्क अपने पास ज्यादा देर नहीं टिकते। साहित्य एक खेल है और कोई पास कोई फेल है। सो अपने दैनिक लेखन को अधिक अनुशासित कर और समय निकालकर निर्मल को पढ़ना शुरू किया। पहले सोचा कि मदन जी ने जो काम किया है उस काम का सत्यापन करूँ या उसकी समीक्षा करूँ। लेकिन जल्दी ही लगा कि निर्मल के उनके पाठ के साथ क्यों न सीधे अपना पाठ बनाया जाए और उसे ही एक समानान्तर पाठ की तरह दिया जाए। और यही होता गया।

इस तरह जो लिखा वह भूमिका होने से बच गया। मैं भूमिका लिख भी नहीं सकता था और खैरियत कि मदन जी ने भी पत्र में ऐसा करने का आग्रह नहीं किया था।

कुछ लोगों ने भूमिका लिखने के काम को एक तरह का अश्लील-सा पौरोहित्य कर्म बना दिया है और लेखकों ने उसे सस्ते जनसंपर्क में बदल दिया है। ऐसा नहीं हो सका इसके लिए हमें एक दूसरे की पीठ थपथपाने के अलावा कोई चारा नहीं।

मेरे लिए निर्मल एक उद्विग्नकारी लेखक रहे हैं। मेरा मार्क्सवाद उनके हिन्दू होने से परेशान नहीं होता। उनके हिन्दू होने के साथ कम-से-कम मेरे मार्क्सवाद का कोई 'निजी' झगड़ा नहीं बैठता क्योंकि उनके उत्तर-औपनिवेशिक हिन्दू के यहाँ मेरे मार्क्सवाद के लिए कई नए सवाल और चुनौतियाँ मिलती हैं जिन्हें सुलझाया जाना है। मेरा मार्क्सवाद आसन्न हिन्दू सवालों से कतराने वाला नहीं, उनसे मुठभेड़ कर उनके सत-असत को निकालने वाला या उनका विकल्प खोजने वाला मार्क्सवाद है और ज्यों-ज्यों मैं अपने मार्क्सवाद को छोड़े बिना

उनका पाठ करता गया त्यों-त्यों उनके हिन्दू पाठ में अपने मार्क्सी पाठ मिलाने पर वे मुझे उपयोगी, अनिवार्य और बेहद समस्यायुक्त नजर आए। लगा कि निर्मल का 'हिंदुत्व' उपेक्षा करने योग्य नहीं है। उससे मुठभेड़ करना जरूरी है। साहित्य में 'धर्म' की जगह, 'सेक्युलर' समीक्षा कर्म के लिए कोई अव्याख्येय चुनौती नहीं है। उसका उत्तर है। इस प्रक्रिया में उनके रचनात्मक सौन्दर्य और औदात्य के बिन्दु मुझे नए स्तरों पर मिले।

मदन जी ने उनकी टैक्स्ट को अपने ढंग से पढ़ा है। वे निर्मल की भाषा और रचनात्मक कौशल के व्यंजकों को बेहद सफाई और अवधान से व्यवस्था देते हैं। वे निर्मल को समस्याहीन जैसा पाते हैं। इस काम में मदन जी में मैं मनोमुग्धकारी सस्टेनैंस पाता हूँ जो आज की युवा आलोचना में प्रायः नजर नहीं आती। मदन जी की इस सस्टेनैंस का मैं पहले से मुरीद रहा हूँ। लेकिन मैं किसी भी स्थिति में किसी को भी (अपने को भी) समस्याहीन नहीं पाता। मेरे विखंडन में हर व्यंजक अपनी समस्याएँ लिए ही उपस्थित होता है और उसे बार-बार खोलना मेरे विमर्श का एक काम है। सो मैंने अपने ढंग से निर्मल को पढ़ा। तो दो तरह से निर्मल पढ़े गए और जो इन टिप्पणियों को पढ़ेगा वह तीसरा पाठकर्ता ही होगा। यह किताब पढ़ने वाले को तीसरे पाठ में ले जाएगी। उसे 'एक में दो' का मजा मिलेगा। दो स्वाद मिलेंगे। कड़वे और मीठे। जीवन ऐसा ही है।

मदन दुस्साहसी हैं। जिन दिनों में लोग अपने चमचों को ढूँढ़ते हैं वे अपने रकीब ढूँढ़ते हैं और मेरी तो दीक्षा ही ऐसी हुई है कि जब तक रोज एक दुश्मन न पैदा कर लूँ रोटी नहीं पचती। आप देखेंगे कि यहाँ निर्मल को लेकर दो निराले, दुश्मन पाठ भी चलते हैं और मित्र पाठ भी।

—सुधीश पचौरी

अनुक्रम

इतिहास एक दुःस्वप्न है

'इतिहास एक दुःस्वप्न है जिससे जागने की मैं कोशिश कर रहा हूँ।'
(जेम्स जॉयस/डेरेक वाल्क्ट द्वारा द म्यूज ऑफ हिस्ट्री में उद्धृत/ द पोस्टकॉलोनियल स्टडीज रीडर / संपादन / बिल एशकांब आदि)

'आवाज नहीं...बुलाने का भाव आना चाहिए...अपने को प्रेतात्मा से इस तरह मिला देना चाहिए कि उनकी प्यास, तृष्णा, चाहना उनकी अस्थियों से उठकर आपकी पुकार में इस तरह घुल जाए कि पता भी न चले कि यह मृत की आवाज है या जीवित की...'

(अंतिम अरण्य, पृ. 279)

येयंप्रेते विचिकित्सा मनुष्येऽस्तीत्येके नायमस्तीति चैके
एतद्विद्यामनुशिष्टस्त्वयाहं वराणामेष वरस्तृतीयः

(20, कठोपनिषद्)

हे यमराज ! मृत मनुष्य के बारे में एक बड़ा संदेह फैला हुआ है। कुछ लोग तो कहते हैं कि मृत्यु के बाद भी आत्मा का अस्तित्व रहता है और कुछ लोग कहते हैं कि नहीं रहता। इस विषय में आपका जो अनुभव हो वह मुझे बतलाइए।

अजीर्यताममृतानामुपेत्य
जीर्यन् मर्त्यः क्वधःस्थः प्रजानन्
अभिध्यायन् वर्ण रति प्रमोदा-
नतिदीर्घे जीविते को रमेत
(28, कठोपनिषद्)

हे यमराज ! आप ही बताइए, भला आप सरीखे अजर-अमर महात्मा देवताओं का दुर्लभ एवं अमोघ संग प्राप्त करके मृत्यु लोक का जरा मरणशील ऐसा कौन बुद्धिमान मनुष्य होगा जो स्त्रियों के सौंदर्य और आमोद-प्रमोद में आसक्त होकर उनकी ओर दृष्टिपात करेगा और इस लोक में दीर्घ काल में जीवित रहने में आनंद मानेगा ?

यस्मिन्निदं विचिकित्संति मृत्यो यत्साम्परायं महति ब्रूहि नस्तत्
योऽयं वरो गूढमनुप्रविष्टो नानयं तस्मान्नचिकेता वृणीते
(29, कठोपनिषद्)

हे यमराज ! जिस आत्म तत्त्व संबंधी महान् ज्ञान के विषय में लोग शंका करते हैं कि मरने के बाद आत्मा का अस्तित्व रहता है या नहीं उसके संबंध में निर्णयात्मक आपका जो अनुभूत ज्ञान हो मुझे कृपापूर्वक उसी का उपदेश दीजिए।

ऐसे प्रश्नों को सुन यमराज नचिकेता को संपूर्ण विद्या बताते हैं और नचिकेता सच्चा ज्ञान प्राप्त करके जन्म-मरण के बंधन से सदा के लिए मुक्त हो जाता है।

'नीत्शे ने सुकरात के बारे में कहा था कि वे पहले व्यक्ति थे जिन्होंने 'हिस्ट्री' के 'इल्यूजन' की शुरुआत की।

लियोतार सुकरात से शुरू हुए इस 'इल्यूजन' की परिणति इस 'पोस्टमॉडर्निज्म' में मानते हैं। लियोतार नीत्शे की इस भविष्य-वाणी का बहुत सुंदर विश्लेषण करते हैं। इस लिहाज से ल्योतार मुझे अपने निकट लगते हैं कि उन्होंने किसी भी तरह की ऐतिहासिक आत्म-छलनाओं को चाहे वे अडोर्नो हों, चाहे वह फ्रैंकफुर्त स्कूल हो और चाहे उस स्कूल के समर्थक हैबरमास हों, लियोतार इन झूठी आकांक्षाओं को कोई प्रश्रय नहीं देते।'

(निर्मल वर्मा, दूसरे शब्दों में, पृ. 152)

पिचहत्तर में प्रकाशित अपने निबंध-संग्रह 'शब्द और स्मृति' के निबंधों के बारे में निर्मल एक विशेषण लगाना चाहते हैं : 'गैर-आधुनिक'।

'मैं इन निबंधों को गैर-आधुनिक कहना चाहूँगा क्योंकि इनमें उन सब अंधविश्वासों, रूढ़िगत फैशनों और फार्मूलों पर शंका प्रकट की गई है जिन्हें हम आँखें मूँद कर स्वीकार कर लेते हैं। कितना अजीब है कि आधुनिकता का जो आंदोलन बीसवीं शती के आरंभ में विक्टोरियन विश्वासों को तोड़ने में सफल रहा था स्वयं वह आज एक रूढ़िगत संस्कार बन चुका है। अपने को सुरक्षित घोंसलों में समेटने का एक सुविधाजनक साधन बन चुका है। इन 'घोंसलों पर अनेक आकर्षक लेबल चिपके हैं।...प्रगति, ऐतिहासिक विकास, समय की माँग, जनता, सामान्य व्यक्ति आदि।' (पृ. 9) यह आधुनिकता उससे अलग है जो अपोलिनियर ने दी थी जिसमें उसने शब्दों की सरहद पर एक अजानी धरती पर सत्य के अन्वेषण का आह्वान किया था। (पृ. 10)

भारतीय आत्मा अपने 'लेबल' और 'आचरण' में विभक्त है। वह इस प्रकार दोहरेपन की अपराधी है। नये के हामी अन्याय सहते-करते हैं। उनके न्याय की वैधता संदिग्ध है। निर्मल यहाँ से निकलते हैं और दूसरे युग्म में जाते हैं जिसे बाद के बरसों में उनके 'पूरब और पश्चिम'

के युग्म के रूप में हम जानते हैं। वे कहते हैं :

> 'मैं बरसों अपने देश से बाहर रहा हूँ। इससे मेरे भीतर ऐसा अलगाव-सा उत्पन्न हुआ है जो मुझे कभी-कभी बोझ-सा जान पड़ता है किंतु दूसरी तरफ इसी 'अलगाव' ने मुझे अपनी जातीय अस्मिता और संस्कृति को एक ऐसे कोण से देखने का अवसर दिया है जहाँ भ्रम और भुलावे की गुंजाइश बहुत कम है। मैं एक साथ अपने को बाहर और भीतर पाता रहा हूँ। पश्चिम से मुझे एक तार्किक अंतर्दृष्टि मिली जिसके सहारे मैंने अपनी संस्कृति के मिथक बोध, बिंबों और प्रतीकों की गैर-तार्किक अंतर्चेतना को परखने की चेष्टा की है। दूसरी तरफ मैं खुद इस अंतर्चेतना का अंश हूँ जिसके आधार पर मुझे आधुनिक तकनीकी सभ्यता के अंतर्विरोधों का अहसास भी होता रहा है।' (पृ. 10)

इस तरह निर्मल आशाओं के वैफल्य के बाद 'लौटने की यातनामय प्रक्रिया' में आते हैं।

लौटना ही गैर-आधुनिक होना है। निर्मल हिंदी के पहले कथाकार हैं जो 'लौटने' को गैर-आधुनिकता से जोड़ते हैं और आधुनिकता के तर्कवाद पर वैसी ही शंकाएँ करते हैं जैसी चालीस-पचास के दशकों में फ्रैंकफुर्त संप्रदाय ने उठाई थीं। उनका यूरोप प्रवास उन दिनों का है जब यूरोप में आधुनिकता की योजना की स्वयं संपूर्णता को लेकर पूर्व 'आशंकाएँ' सिद्ध हो चली थीं और लोग अपने यूरोपीय 'महान वृत्तांतों' से निकलने लगे थे। रेनेसाँ का नक्शा फट चुका था। आधुनिकता को लेकर निर्मल की आशंकाएँ एक व्यापक विमर्श का हिस्सा लगती हैं जो युद्धोत्तर यूरोप में छाया रहा है, जो कोल्डवार की भयानक विभक्ति में फ्रैंकफुर्त संप्रदाय की वैधता को सिद्ध करता रहा है।

तब क्या हम कह सकते हैं कि निर्मल हिंदी में उस उत्तर-आधुनिकता के पुरस्कर्ता हैं जिसकी पुकार इन दिनों ज्यादा सुनाई देती है ? 'लौटने' की बात उत्तर-आधुनिकता आधुनिकता के 'मुसीबत जदा' हो उठने का, 'पलटने' का ही परिणाम है। यह उत्तर-आधुनिक विमर्शों से साफ जाहिर

है। लेकिन स्वयं उत्तर-आधुनिक कहे जाने पर वे आपत्ति करेंगे। अभी भोपाल में एक सेमिनार में उन्होंने उत्तर-आधुनिकता के बारे में एक निष्करुण-सी टिप्पणी करते हुए कुछ ऐसा कहा जिससे अर्थ निकलता था कि उत्तर-आधुनिकता किसी 'हल्केपन' का पर्याय है। यह ठीक है, इस तरह उनका 'गैर आधुनिकपन' उत्तर-आधुनिकता का पर्याय नहीं है ! शायद यह उत्तर-आधुनिकता का उनका आधुनिकतावादी पाठ है क्योंकि वे एक महावृत्तांत के वैफल्य के बाद एक देशज और पूरबी महावृत्तांत को खोजते बनाते हैं। कहा जा सकता है कि वे यूरोपीय आधुनिकता से 'गैर' होते हुए भी किसी एक आधुनिकता का निर्माण करना चाहते हैं। लेकिन ज़ालिम उत्तर-आधुनिकता किसी भी किस्म के महावृत्तांत को शंका से देखती है। शायद इसलिए वे उसके एक पाठ (हल्केपन) को परेशानी का कारण मानते हैं। लेकिन 'लौटने' की बात भी एक उत्तर-आधुनिक लक्षण है जो उनमें आद्यंत मौजूद है। जब तक उनके लिए लौटना और लिखना एक है वे उत्तर- आधुनिक विशेषणों के बाहर नहीं पढ़े जा सकते, यद्यपि वे बार-बार उत्तर-आधुनिक मार से बचने के उपक्रम करते हैं और बार-बार आधुनिकता में गिरते हैं। वे हिंदू हाशिये को जब-जब जगाते हैं परंपरा में जाते हैं, तब-तब वे अनचाहे भी एक उत्तर-आधुनिक क्षण बनाते हैं। उनके स्वयं के निबंधों को 'गैर-आधुनिक' कहने की सार्थकता उत्तर-आधुनिकता के क्षणों में ही समझी जा सकती है। वे आधुनिक और उत्तर-आधुनिक के बीच की सुदीर्घ 'यातना' के प्रतीक हैं। यातना की बात करते ही वे आधुनिकता के भीतर चले जाते हैं क्योंकि वे किसी आधुनिक आशय की 'विडंबनामूलकता' में रम जाना चाहते हैं। विडंबना का उत्तर-आधुनिकता में कोई स्थान नहीं। यों भी लौटना एक उत्तर-आधुनिक तरकीब भर है, परमसत्य नहीं क्योंकि उत्तर-आधुनिकता गें लौटकर कोई भी नहीं लौटता। हर बार लौटना वर्तमान में 'वर्तमान' होना होता है। अतीत वर्तमान ही होता रहता है, तब लौटना कैसा ? लेकिन निर्मल लौटने को इतना यातनामय बनाते हैं कि लगता है वे लौट सकते हैं।

दरअसल, उनके जिद-भरे लौटने में एक ही साथ उत्तर-औपनिवेशिक और उत्तर-आधुनिक विमर्श एक साथ संभव होते हैं जिन्हें कन्फ्यूज नहीं किया जाना चाहिए।

उनकी 'यातनामयता' एक उत्तर-औपनिवेशिक भाव है जिसमें आधुनिकता के निर्माण की छटपटाहट ज्यादा नजर आती है। विकलता से हताशा; हताशा से विषाद और फिर विषाद के बाद आशा और 'आस्था' की खोज यानी 'पराए' यूरोप जाकर 'अपने' भारत लौटने की कोशिश कैसी है और कहाँ ले जाती है ?

वे सर्वप्रथम यूरोप से भारत को पृथक् करते हैं। दिलचस्प यह है कि 'अलग' करने की उनकी तरकीब यूरोपीय ही है। यूरोप की संस्कृति में 'आत्म-सजगता' का तत्त्व रहता है। वहाँ धार्मिक अनुभव और सेक्युलर अनुभव अलग-अलग हैं' (पृ. 58, शब्द और स्मृति)। लेकिन भारतीय संस्कृति में ऐसा पार्थक्य नहीं रहा है :

'भारतीय संदर्भ में ऐसा कोई विभाजन न था, धर्म की धारा में संस्कृति का उतना ही समावेश था जितना अध्यात्म का' (पृ. 58, वही)। 'संस्कृति, समय और भारतीय उपन्यास' नामक लेख में वे एक भारतीय उपन्यास की खोज में, इसी लौटने के बाद, निकलते हैं। उपन्यास का जातीय फार्म क्या हो सकता है ? वे पूछते हैं। इस रास्ते उन्हें प्रूस्त और जॉयस मिलते हैं जिन्होंने यूरोपीय उपन्यास का रास्ता 'अंधी गली' मानकर छोड़ दिया था और 'स्मृति की तरफ' आए थे (पृ. 60, वही)!

'शब्द और स्मृति' में निर्मल के आत्मकथन जितने स्पष्ट हैं उनसे ज्यादा स्पष्ट वे अपनी डायरियों में कहे जा सकते हैं, जैसे 'धुंध से उठती धुन'। यों निर्मल अपने बारे में जैसे कथन कहते हैं उनमें खुद आत्म-संदेह का भाव निहित रहता है तो भी वे अपने उपलब्ध पाठ में हमें निर्मल की अपनी टैक्स्ट की पुनर्रचना के तंतुओं को खोलने-टटोलने में मदद कर सकते हैं। आत्मकथन और रचना की फाँक की संभावना अन्यत्र कहीं हो सकती है निर्मल में नहीं। निर्मल का कथन है कि उनके निबंध और कहानियाँ उनकी पूरकता में पढ़ी जा सकती हैं। इस निर्मलीय आशय पर कुछ देर तक भरोसा किया जाना चाहिए। 'धुंध से उठती धुन' में अनेक कथन और टीपें हमें कुछ नए संकेत देती हैं जो निर्मल को लोकलाइज और टोटलाइज करने में मदद देती लगती हैं। जरा इस क्रम से पढ़ें :

कला में अर्थ की समस्या

> 'प्रकृति का कोई अर्थ नहीं है, वह या उसका अर्थ उसकी अनिवार्यता में निहित है-- जो है, वही उसका अर्थ है। जब कोई कलाकृति इस अनिवार्यता को उपलब्ध कर लेती है तो वह इतने संपूर्ण रूप से अर्थवान हो जाती है कि उसे अर्थहीन भी कहा जा सकता है।'

> 'कला—हर महत्त्वपूर्ण कलाकृति—संयोग को अनिवार्य में बदलने की कोशिश है।' (26/27 अगस्त, 1976)

यहाँ कला को प्रकृति कहा जा रहा है। संयोग को अनिवार करे सो कला। अनिवार्यता प्रकृति की 'प्रकृति' है। वही कला का काम है। कला का ऐसा विचार रोमानी ढंग का है जो यूरोप में खूब रहा है जो छायावाद तक देखा जा सकता है। लेकिन प्रकृति की अनिवार्यता से कला की अनिवार्यता को मिलाने का ढंग निर्मल का अपना है। निर्मल अपने गद्य को 'ब्रूडिंग' यों ही नहीं कहते। वे जो कहते हैं उसका सत्यापन वे स्वयं करते हैं। इस अर्थ में उन्होंने अपने को लगातार भरोसेमंद बनाए रखा है। यह उनकी अपनी कलात्मक विजय है जिसकी वजह से अपनी कला को दृढ़ता और औदात्य देते हैं। उनके संग के कहानीकार उनके सामने सिर्फ इसीलिए नहीं ठहरते हैं कि वे स्वयं सत्यापन नहीं कर पाते। निर्मल लगातार अपने लिखे का सत्यापन करते हैं, वे अपनी वैधता स्वयं बनाते हैं। उनके सूत्रों को उन पर ही घटित कर कम-से-कम एक आशय और वह भी पक्का पॉजिटिविस्ट किस्म का आशय तो पाया ही जा सकता है जिसे उनके प्रशंसक, समीक्षक अक्सर पेश करते रहते हैं लेकिन वह यहाँ हमारा अभीष्ट नहीं है। हमें यहाँ भी उस आधुनिक 'फाँक' की ओर सजग रहना चाहिए जो निर्मल के व्यंजकों और आशयों के बीच रहती है। हमें निर्मल की रचना पर निर्मलीय संदेहवाद को सक्रिय करते चलना चाहिए।

डायरी में अगली टीप रानीखेत की है जो जुलाई 1975 के किसी समय टीपी गई है :

> 'जब मैं अपने चारों ओर देखता हूँ तो मुझे अपनी नजर

> की विपन्नता महसूस होती है। मुझे लगता है कि मैंने ठीक से उसका उपयोग नहीं किया जो विधाता ने मुझे चमत्कार की तरह दिया था, जो देखने में सन्निहित है। मुझे अपने 'इंप्रेशन्स' को पकड़ने के लिए शब्दों को टटोलना, खोजना, बनाना बंद कर देना चाहिए। आँखें 'टूरिस्ट' नहीं हैं जो इंप्रेशन्स जमा करती जाती हैं। वे चिरंतन फक्कड़ यात्राएँ हैं जो लुटाने में ही बचत करती हैं और सब कुछ लुट जाने के बाद जो बचा रहता है वही असली बचत है जो हमारे अस्तित्व के मूल में रहता है और चाहे उस क्षण हमें कोई शब्द न मिले जो हम देखते हैं उसकी सघन विस्मयाकुलता और हमारा समर्पण, उफान में जबर्दस्ती अपने कगारों के परे बह जाना, किसी-किसी दूसरी दुनिया में चले जाना। अंततः यह बचा रहता है, हमारी स्मृतियों में नहीं बल्कि हमारी आत्मा के अंतर्तलों में।'

यहाँ आप एक पूर्वता (अप्रायरी) देखें : यह है, अनुभव किसी शब्द का मोहताज नहीं है। अनुभव की पूर्वता प्रमुख बात है। क्योंकि 'चाहे उस क्षण कोई शब्द मिले न मिले' कह कर कहा गया कि अनुभव पहले आता है शब्द बाद में आते हैं।

लेकिन ऐसा होता नहीं है। शब्द के बिना कोई अनुभव नहीं होता। भाषा के बिना नहीं होता। अनुभव के होने का अर्थ किसी भाषा का ही होना है। निर्मल ऐसा मानते हैं कि कोई पूर्व-अनुभव होता है और शब्द कुछ बाद में आते हैं। वे दरअसल वाक् की पूर्वता मानते हैं और इसीलिए अर्थ की अद्वितीयता पर जोर देते हैं जो वस्तुतः उनके यहाँ प्रकृति की अनिवार्यता के रूप में होती है। उनकी योजना में उनका अनुभव प्राथमिक और अनिवार्य है। शब्द तो दोयम हैं। परम भाववादी की तरह वे ऐसा कहते हैं। सिद्धांतिकी में इसे आधुनिक संरचनावादी 'उपस्थिति' कहा जा सकता है। दर्शन में इसकी लंबी वैध परंपरा है। भारतीय में भी, पश्चिमी में भी। पश्चिम में इसी अनुभव की यानी वाक् की पूर्वता को विखंडित करते हुए इसके छल को देरिदा बार-बार दिखाते हैं कि किस तरह यह मनुष्य के ऊपर एक 'वर्चस्ववादी 'एक-' अर्थवाद

है। पश्चिम में अभी तक उनकी चुनौती का उत्तर नहीं आया है। भाषा/टैक्स्ट के बाहर कुछ नहीं है, यह असिद्ध नहीं हुआ है। निर्मल पश्चिम के भाषाविदों की तरह ही अनुभव के 'पूर्वतावादी' हैं यानी उनकी पूरबवादी साहित्य सिद्धांतिकी के पाँव, आधुनिकता के साथ, झगड़े के बावजूद आधुनिकता में ही गड़े हैं। उनके गैर-आधुनिक निबंधों को हमें अपने किंतुओं और परंतुओं के साथ ही पढ़ना चाहिए। यानी सबसे भरोसेमंद निर्मल के कथन और प्रकार्य के बीच एक आधुनिक खाई है जो अभी तक उनके लिए दुर्लंघ्य है। मगर इस खाई को लाँघने की जो अथक कोशिश है और उसे पाने के लिए भाववाद को उसके जिस व्यथा-भरे चरमबिंदु पर स्थापित करने के उपाय हैं वे सब मिलकर उनके सुदीर्घ विमर्श में एक जबर्दस्त छलना पैदा करते हैं। यह छलना एक गुरुत्वाकर्षी सम्मोहन पैदा करती है। इस योजना में अपने ही किस्म की अर्ध-रहस्यात्मकता जिसमें अनुभव की रहस्यप्रियता, प्रकृति की रहस्यात्मकता और कथन की, पूर्ण कथन की संदिग्धता बार-बार आती-जाती है, समकालीन आधुनिकता की निश्चिंतता को बेकार कर देती है और उसके बरक्स रहस्यात्मकता की सृष्टि करके एक खेल की गुंजाइश बनाती है और भाव के अव्यक्त होने या रहे आने की स्थिति को स्थापित कर आधुनिक तर्कवाद को मुँह चिढ़ाती है।

लगभग हर बात को तर्क में बदल देने वाली आधुनिकता चूँकि अंततः अनुभव का, प्रकृति का निषेध-सा करती जान पड़ती है इसलिए निर्मल एक 'प्रतिरोधी' रचनाकार नजर आते हैं क्योंकि वे अपनी योजना में उस सामाजिकता की निश्चिंतता को भी व्यर्थ करते चलते हैं जो वाकई निश्चित नहीं होती। क्या हम कह सकते हैं अपने विमर्श को समग्रता में बार-बार लाते हुए वे निबंधों में जिस भारतीय किस्म की आधुनिकता की सर्जना करते हैं कथाओं में उसे ही समस्याग्रस्त करते हैं ? क्या हम कह सकते है कि उनका सतत संदेहवाद उनकी रणनीति या तरकीब है या कि वह उनका भाववादी अटूट विश्वास है या कि वह उनकी अपनी एक सिद्धांतिकी है जो उन्होंने अपने साहित्यिक उपादानों से बनाई है ? कहने की जरूरत नहीं कि अनुभव से शुद्धानुभव में बदलने की तरकीब निर्मल की अपनी ही है। उनके साहित्य में इसीलिए साहित्य प्रकृति का पर्याय है : एक ही साथ 'अनिवार्य' और 'अर्थहीन'।

राग और विकर्षक विराग के बीच की कोई अबूझ जगह ! इससे वे अपनी सिद्धांतिकी बनाते हैं। निर्मल को इसी सिद्धांतिकी के भीतर से पढ़ा जाना चाहिए। कम-से-कम पहला पाठ ऐसे ही किया जाना चाहिए क्योंकि यहीं वे सर्वाधिक चमक पैदा करते हैं और यहीं उनके अँधेरे पैदा होते हैं। 'धुँधलका' उनके यहाँ एक विशेषण मात्र नहीं है बल्कि एक विचार है, बुनियादी व्यंजक है जो बहुत कुछ दबाए-छिपाए चलता है। वह उन्हें लेखकीय अर्थ की स्वतंत्रता देता है। वे पाठ से बाहर इस तरकीब से भागना चाहते होते हैं। मगर अपने पाठ से कोई नहीं भाग पाते जैसे अपने 'भाग' से कोई नहीं भाग पाता !

अनुभव की पूर्वता, प्रकृति की पूर्वता है। कला इस पूर्वता को संभव करती है। यह स्मृति के जरिए और भाषा के तिर्यक उपादानों के जरिए करती है। इस क्रम में इतिहास का, ऐतिहासिकता का निषेध अनिवार्य होता है। अनुभव की पूर्वता की, पूर्णता की स्थापना बार-बार करनी होती है फिर भी बहुत कुछ छूट-छूट जाता है। इसीलिए निर्मल में बार-बार ऐसे विशेषण, उपमान, वाक्य और पदावलियाँ आती हैं जो अर्थ को सुस्पष्ट नहीं होने देतीं, ठहरने नहीं देतीं। वे हमेशा कई अर्थों के संधि-स्थलों पर खड़े मिलते हैं, अनेक अंतरालों में फँसे मिलते हैं। यह तरकीब उनके टैक्स्ट में कुहासे, धुंध या संदेह भरती है या कहें कि इसी के लिए वे ऐसे समय को बनाते हैं जो उन्हें रहस्यात्मक केंद्र की ओर ठेलता है, जो अव्याख्येय-सा बना रहता है। लेकिन यह हमारा परिचित रहस्यवाद नहीं है क्योंकि इसमें प्रकृति को लेकर, अनुभव को लेकर कोई पुराने ढंग की रोमानी मासूमियत सक्रिय नहीं लगती बल्कि एक आत्म-सजग मनुष्य का चौकन्नापन बना रहता है। वे भाव के भ्रम में रमण नहीं करते। वे भाव की पूर्णता का बार-बार निषेध करते चलते हैं और इस तरह क़रते हैं कि पाठ उसकी पूर्णता के लिए ललक जगाता रहे, आप उनके भाव के प्यासे बने रहें। पूर्ण भाव उनका ईश्वर है और वे आत्मा हैं जो उससे मिल नहीं पा रहे। चूँकि यह 'अनुभव' बार-बार किया जाता है इसलिए वह एक वर्णनात्मक तरकीब से कुछ ज्यादा—एक विमर्श-सा—बन जाता है। निर्मल यहीं अपने समकालीनों से बहुत अनूठे हो उठते हैं।

वे एक ऐसे उत्तर-भक्त की तरह हैं जो ईश्वर से नहीं बिछुड़ा बल्कि

जिसका ईश्वर उससे खो गया है। पुराने भक्त मानते थे कि वे अपने ईश्वर से बिछुड़ी आत्मा हैं। निर्मल अपने पूर्व-प्राप्त ईश्वर को खो चुके हैं। भक्त के निजी 'पाप' ने नहीं, पश्चिम ने उसे खो दिया है, नष्ट कर दिया है। उसे फिर बनाना, पाना है। ईश्वर उनके यहाँ एक परम रूपक की तरह है, वे अपने रूपक के बाहर हैं इसलिए व्यथित हैं यातनाग्रस्त हैं। साहित्य उसे खोजने-बनाने का उपक्रम है। तपस्या है, पूजा है। उनका लेखन उनकी नवधा भक्ति है। बस, यहीं उनकी मुक्ति और बंधन बनते हैं। जिस भारतीय परंपरा में ईश्वर खोजने चलते हैं, वहाँ तो वह उनके अपने भीतर ही मिल जाना चाहिए क्योंकि वह वहीं रहता है। वे जिसे खोजने चलते हैं वह तो उनके पास ही होता है क्योंकि 'पूर्व-प्राप्त' होता है : कस्तूरी कुंडल में बसती है लेकिन मृग वन-वन ढूँढ़ता फिरता है ! उनका अनुभव ही तो ईश्वर है और उनका वन-वन ढूँढ़ना कला में भटकना है। भटकना, टटोलना, खटखटाहट, आवाजें उनके वे निर्मलीय व्यंजक हैं जो उनकी ईश्वर/प्रकृति/अनुभव की पूर्वता/अपूर्वता को बनाते हैं। वे भक्तिकालीन भक्त होते तो अपने ईश्वर के दास बन जाते या सखा बन जाते लेकिन उनकी फँसावट यह है कि वे न दास बन सकते हैं और न सखा बन पाते हैं। उनकी अ-परिणति ही उनकी परिणति है और यही उनकी आजन्म व्यथा का कारण है जिसका कोई समाधान नहीं दिखता और जो दिखता है वे उधर पूरी तरह नहीं आते। उनका चरम उनका भारत-भाव ही है। भारत एक ईश्वर की तरह है। भारत की पूर्णता का होना ईश्वर का होना है। लेकिन भारत/ईश्वर को पाना उसके भूगोल इतिहास में उसे फिर बनाना-पाना है जिसमें अनंत समस्याएँ हैं और उन्हें खोलते ही फिर वे इतिहास की अंधी गली में गिर सकते हैं और अर्थशास्त्र के जंगल में फँस सकते हैं। उनके भारत/ईश्वर ने अपने पेट और भौतिक प्रपंच के लिए उनके शैतान यानी पश्चिम से अलग कोई मौलिक भौतिक योजना बनाई ही नहीं है जो उसकी भूखी नंगी रहने वाली आत्माओं को अनुभव के भी लायक बना सके ! आधुनिक योजना की असफलता के बाद दूसरी कोई योजना उनके पास नहीं होती।

वे प्रकृत की ओर लौटते हैं, धर्म की ओर लौटते हैं और इतिहास को निषिद्ध करके यह भूल ही चुके होते हैं कि ऐसा कोई वक्त शायद

ही कभी रहा हो जब उनके कल्पित पूर्वाधुनिक समय में समाज की समस्याहीन शांति रही हो। धर्म के अटूट प्रवाह के बावजूद दुःख के अनंत कथन स्वयं पूर्वाधुनिक भक्तों के यहाँ हैं और उनके पास भगवत्कृपा के इंतजार के अलावा कोई उपाय नहीं है। निर्मल के पास भी कोई पक्का उपाय नहीं है। इतिहास के आतंक से लड़कर वे जिस परम अनुभववाद की ओर आते हैं, वहाँ पूर्णानुभव की दशाएँ भी संभव नहीं दिखतीं। तब क्या उनकी व्यथा इतिहास से लड़कर इतिहास की जगह मिथक रखकर मिथक में जीने की 'अ-संभवता' का परिणाम है ?

निर्मल का दुर्निवार आकर्षण दरअसल उस यूटोपिया को बार-बार बनाने में बनी ऊर्जा से पैदा होता है जो हर उत्तर-उपनिवेशी भारतीय मन में एक संपूर्ण भारतीयता को बनाने की अपूर्ण कामनाओं में दो सौ साल से बनता-बिगड़ता रहा है। निर्मल का लेखक एक अपूर्ण की संपूर्णता की कामना है। यह कामना ही उनका आकर्षक तत्त्व है। उत्तर-उपनिवेशी हिंदी भारत का मध्यवर्ग उनमें अपने इस पिपासा को बार-बार बनता पाता है। विकास के सकल फल चखता हुआ वह कहता है कि ये फल निषिद्ध हैं, पश्चिम के शैतान के फल हैं इन्हें मत खाओ ! लेकिन वही उनका प्रथम भोक्ता है। और जब वह दूसरों को खाते देखता है तो उसे संस्कृति के खतरे सताने लगते हैं। वह इतिहास में खूब होकर भी 'इतिहास से बाहर' की तख्ती लगाता है ताकि इतिहास पर उसका इजारा बना रहे।

निर्मल की बुनियादी समस्या इतिहास है जो एक आधुनिक संरचना है। लेकिन जब वे स्मृति में जाते हैं तो क्या उस इतिहास का निषेध हो जाता है जो आतंक की तरह तना है ? क्या स्मृति भी अंततः अपना इतिहास नहीं बनाती ? क्या धर्म अपना सकल समग्र केंद्र नहीं बनाते ? क्या अनुभव रचा जाकर अपने एक सकल समग्र केंद्र की ओर धावित नहीं होता ? यानी क्या रचकर अनुभव इतिहास नहीं बनते और अपनी पुख्ता संरचनाओं की कैद नहीं बनाते ? यानी कि भाषा में आते ही क्या अनुभव इतिहास नहीं बन जाता ? क्या इतिहास के निषेध का भी इतिहास नहीं होता ? यदि हाँ, तो इतिहास के बाहर रहने का अर्थ यही है कि आप भाव को ऐसी तरकीब की तरह ला रहे हैं जो इतिहास से बाहर ले जाता हो। इसका अर्थ यह भी हुआ कि उसके पीछे चले

आ रहे इतिहास को आप दबा देना चाहते हैं। कर्मफलवाद तक एक किस्म का इतिहास ही है क्योंकि उसमें एक किस्म का तर्क है जो सकल है।

तो भी निर्मल में 'इतिहास' के प्रति अटूट और अझेल संदेह है। उसने उनकी भारतीय होने की, उसमें भी सहज हिंदू होने की क्षमता के चिह्न मिटाए हैं, प्राचीनता के चिह्न मिटाए हैं, सभ्यता के चिह्न मिटाए हैं। वे उससे निपटने के लिए जिस कला को बनाते हैं, वह उत्तर-उपनिवेशी भारतीय सभ्यता के दमन करने वाले आधुनिकतावादी निषेधवाद से बदला लेने के लिए बनाई जाती एक 'स्मृतिजीवी कल्पना' है, एक सपना है, एक यूटोपिया है। यही आकर्षण पैदा करता है, यही निर्मल के सकल गद्य में निराला आलोक भरता है। अपने उत्तर-उपनिवेशी भाव से पहचाने जा रहे सांस्कृतिक रिक्थ से बेगाने हम जैसे लोगों को दरअसल निर्मल में अपनी कायरता और आत्म-निषेध की सजा और आत्म-निष्कासन के भाव मिलते हैं। निर्मल हर भारतीय को उसकी भारतीयता लौटाना चाहते हैं। सेक्युलर सूखे में निर्मल आत्म-निर्वासन को खत्म करना चाहते हैं। उनके विमर्श की यह आश्वस्ति उन्हें इस समय का सबसे बड़ा उत्तर-उपनिवेशी विमर्शकार बनाती है। इससे उनकी चुनौती कम नहीं होती, बल्कि बढ़ती ही है क्योंकि उत्तर-उपनिवेशवादी सकलता और परम राष्ट्रवाद उनकी प्यारी आजादी को तुरंत यूरोपीय फासिज्म की तरह ही खाने दौड़ने लगता है। वे इस सकलता को पश्चिमी आधुनिकता के बरक्स प्रतिरोध की तरह रखते हैं और फँसते हैं।

इतिहास से लड़ते हुए वे जिस अंतिम छोर पर पहुँचते हैं, वहाँ उन्हें भारतीय हिंदू फासिज्म नजर आना चाहिए लेकिन आधुनिकता के एक विकराल जबड़े से बचते हुए वे दूसरे विकराल जबड़े में जा रहे हैं और वे इसे इसलिए नहीं देख पाते क्योंकि उनके तईं पश्चिम उनके 'पूरबवाद' (ओरियंटलिज्म) का विलोम है। उससे निपटने के लिए एक संपूर्ण समग्र पूरब चाहिए ! यदि वह समग्र होकर बदला लेता है तो इतिहास से बदला लेता है। वे भारतीय नीत्शे हैं जो अपने स्वत्व की प्राप्ति के लिए किसी महामानव के महाभाव के इंतजार में हैं। उनकी व्यथा यह है कि वे यह जानते हैं कि फासिज्म का महामानव जिसे

उन्होंने आश्विज के यातना-शिविरों में देखा है, वह उन्हीं की प्रिय स्वतंत्रता के विरुद्ध जाएगा। निर्मल का समूचा लेखन इस मानवीय स्वतंत्रता को बचाने का उद्योग है। पश्चिमी फासिज्म से स्वतंत्रता को बचाने के सूत्र उन्हें ज्ञात हैं। पूरब के फासिज्म से बचने के सूत्र उनसे बनते नहीं क्योंकि उन्हें डर है कि इससे लड़ते ही कहीं फिर पश्चिम हावी न हो जाए। वे पश्चिम के इतिहास के आतंक को देख पाते हैं, पूरब के इतिहास के आतंक को नहीं देख पाते या कहें उसकी 'स्मृति' के फासिज्म को स्वीकार नहीं कर पाते। उनकी कार्यनीति उनकी रणनीति के विरुद्ध जाती है। इसका दर्द उनकी रचनाओं और निबंधों में साफ झलकता है। इसीलिए वे भाव की प्रकृत अवस्था और स्मृति को परम करते हैं। यह उनकी समाधि है। यहाँ पहुँचकर वे आधुनिक आक्षेपों के आसान आखेट बनते हैं।

इस कठिन समाधि में जहाँ उनका एक मन यूरोप को छील रहा होता है और दूसरा मन पूरब के मिथकीय आलोक के प्रवाह को समग्र कर रहा होता। वे किसी तपस्वी की तरह का प्रभामंडल बना लेते हैं और इस प्रकार वे हिंदी लेखकों की एक अद्भुत किंतु दमित हिंदू 'सब-टैक्स्ट' बन जाते हैं। हममें सोया हिंदू उन्हें पढ़कर जगता है, झटके खाता है और कई बार उनके जादू में फँसता है। वे हमें अपने हिंदू स्वत्व की ताकत का अहसास कराते हैं। हिंदुत्व के इतिहास के असहनशील समग्रतावाद यानी यूरोपीय किस्म के ही फासीवाद को सामने खड़ा देखकर हम 'सहनशील' होने लगते हैं। निर्मल की कला हमें इसी आधुनिक 'स्वत्व' के लिए तैयार करती है। वह हिंदुत्व का 'कुशन' बनाती है। लेकिन आगे निष्कर्ष की जल्दबाजी न बरतें। निर्मल हिंदू भाव जगाते हैं। स्थानीय अभिमान जगाते हैं लेकिन 'हिंदुत्ववाद' में नहीं जाते। शायद गांधी की तरह वे हिंदू होते हुए भी हिंदुत्व के समग्रतावाद से बचे रहते हैं लेकिन वे एक जोखिम के किनारे जरूर होते हैं। इस जोखिम पर उन्होंने सोचा है कि नहीं, नहीं मालूम। शायद उनकी अस्तित्ववादी चेतना की स्वतंत्रता का आग्रह उन्हें हिंदुत्व की चपेट से बचाता रहता है। जाहिर है कि वे जिस पूरब को बना रहे हैं, उसमें वही इतिहास और वही आतंक भी रहता है जिसे वे वहाँ होता नहीं देख पाते। फिर भी वे अपने पाठकर्ता को आश्वस्त करते हैं कि इस नास्तिक

प्रगतिशीलता के बीच कोई तो है जो अनुभूति को सकल आस्था यानी धार्मिक आस्था तक मानता है, उसे उसकी परिणति तक ले जाता है। प्रकृत बनाता है। एक ओर हिंदू स्वत्व का आराधन, दूसरी ओर उसमें निहित 'बदले' का भाव उन्हें उत्तर-औपनिवेशिक विमर्श की ओर धकेलता है। इस विमर्श की अडिगता अपना आकर्षण आप है।

प्रकृति उनके यहाँ इसीलिए अनिवार है और इतनी मनोहारी है। वे हिंदी के लिए क्लासिकी की अनिवारता है। आप निर्मल की छलना और आकर्षण से इसीलिए नहीं बच पाते लेकिन यह सब उनका कमाया है और पूरबवाद के कीमिया से बनाया है। यह उनका पूर्व-प्राप्त नहीं है और इसी वजह से वे अपने लेखन के आंतरिक और उसके लिए जरूरी बाह्य आत्यंतिक जनतंत्र को अनिवार करते हुए बचा सकते हैं। उन्हें हिंदू देखकर हिंदू सांप्रदायिक कहने वालों को यहाँ ठहरकर सोचना चाहिए क्योंकि यदि वे हिंदू होने के नाते सांप्रदायिक हैं तो उनके वृहत्तर हिंदू आशय और विमर्शकार विवेकानंद और गांधी भी सांप्रदायिक होंगे। निर्मल बार-बार कठिनाई बनाते हैं, आसानी को नष्ट करते हैं और बार-बार उनके दुश्मन परेशान होते हैं, खीझते हैं। वे हिंदू मानकर भी हिंदुत्व की ओर वैसी सरपट दौड़ नहीं लगाते जैसे कि कुछ प्रगतिशील इन दिनों लगाते मिलते हैं। वे किसी हिंदुत्ववादी नायक की कोर्निश नहीं बजाते जैसे कि आज के कुछ प्रगतिशील बजाते दिख जाते हैं।

उनकी तमाम व्यवस्था में औदात्य का निर्वेद बनता है, जो खींचता है, जो हिंदुत्व के एक्टिविज्म का विलोम है। उनसे सख्त घृणा करने वाले उन्हें बेतरह प्यार करते हैं। वे इस अर्थ में लेखन यानी स्वतंत्रता को बचाते हैं लेकिन यह उनकी कमाई है, 'महानता' है और इसी अर्थ में आधुनिकता से शायद सबसे सचेत झगड़ा और शायद सबसे लंबा झगड़ा चलाते हुए भी वे महानता के आधुनिकतावादी वृत्तांत के आखिरी नमूने कहे जा सकते हैं। उनकी स्वतंत्रताप्रियता की जड़ें उसी आधुनिक यूरोप में हैं।

इस तरह वे भी कइयों की तरह आधुनिकता, उत्तर-उपनिवेशवादी स्वत्व और उत्तर-आधुनिकता के बीच खड़े मिलते हैं। यही उनके झुटपुटे हैं, धुँधलके हैं।

कला और भारतीयतावाद के प्रश्न

'कला में धर्म की तरह, सीमाबद्ध संसार पर–शाश्वत का प्रवेश है।'

(धुंध से उठती धुन, 22)

उनका यह विमर्श उनके लिए क्या है इसे उन्हीं के शब्दों में पढ़ें। रिल्के के पत्र पढ़ते हुए वे लिखते हैं :

> 'मैं रिल्के के पत्र पढ़ता हूँ। वे इन दिनों मेरा एक मात्र संबल, सहारा हैं। मैं उन्हें 'पाठ' की तरह हर दिन पढ़ता हूँ। जैसे कोई रोगी समय अनुसार औषध लेता है, अपनी पीड़ा से छुटकारा पाने के लिए नहीं बल्कि उसे साफ-सुथरा बनाने के लिए जैसे हम किसी जंगल की झोंपड़ी बुहारते हैं। कुछ दिन वहाँ रहने के लिए। वहाँ की दुनिया देखने-सहने के लिए।

ये पत्र कहीं परोक्ष रूप से मेरे लिखने से भी जुड़े हैं...इन दिनों मैंने अपने बारे में यह परम सत्य पाया है कि मेरा अकेलापन वह यथार्थ है जो मेरी 'फैंटेसी' को रूपायित करेगा, सिर्फ उसे फॉर्म नहीं देगा, बल्कि उसकी त्वचा के नीचे अर्थ को खोजेगा, जो सिर्फ मेरा है और जिसे मैं 'यज्ञाहुति' की तरह उस पर चढ़ा सकूँगा जो मैंने सृजित किया है, अर्थ जो चढ़ाया हुआ भोग भी है और बचा हुआ प्रसाद भी।

मुझे ईश्वर में विश्वास नहीं है फिर भी न जाने कैसे एक विचित्र स्नेहिल-सी कोमलता मेरे अस्तित्व के गहनतम तल में भाप-सी उड़ने लगती है, जब मैं अपने लेखन में कभी 'ईश्वर' का नाम लिखता हूँ।' (40, वही)

यही है निर्मल का नास्तिक किस्म का आस्तिक या आस्तिक किस्म का नास्तिक हिंदू भाव जो 'अपने' अर्थ और भाव के लिए कोई समझौता नहीं कर सकता। शायद यही उन्हें हिंदू होकर भी हिंदुत्ववाद में गिरने से बचाता है।

निर्मल के यहाँ प्रकृति की अनिवार्यता, भाव की अनिवार्यता है। यह भाव अकेलेपन-अधूरेपन को भरने वाला पूर्णता का भाव है, यही अलगाव और लगाव है, यही निर्मल का निर्मित यथार्थ है। रिल्के के पत्रों का पाठ इस अलगाव को भरने का रास्ता है, औषध है।

निर्मल पश्चिम के बहुचर्चित अस्तित्ववादी अलगाव को अचानक 'भारतीय-प्रतीति' बना देते हैं और पश्चिम में आत्म-ज्ञान के अलगाव को भारतीय आत्मा-भाव के अलगाव की ओर लाते हैं। पश्चिमी तर्क और इतिहास से झगड़ते हुए वे आत्मा के उस गहन के भीतर बिछुड़ने के अलगाव की ओर अपने व्यंजकों का मुख करते हैं जिसे सिर्फ इसलिए कई लोग नहीं खोलते क्योंकि वे स्वयं को नास्तिक मानते हैं जबकि ईश्वर के सवाल या आत्मा के सवाल उन्होंने भुला भर दिए हैं और सुलझाए नहीं हैं। उनके लिए वे पहले से पहले हल हो गए हैं। निर्मल स्वयं कहते हैं कि उन्हें 'ईश्वर में विश्वास नहीं है' लेकिन जब कभी वे ईश्वर लिखते हैं तब उनके 'अस्तित्व के गहनतम तल में' एक

'विचित्र स्नेहिल-सी कोमलता भाप-सी उड़ने लगती है'। अपने ही भावजगत के छिपे रहस्यों को टटोलने की यह प्रविधि निर्मल की अपनी है और इसी से वे अपने स्वभाव और स्वतंत्रता का निर्माण करते हैं जो उन्हें लगातार गिरने से बचाती है और आसान भी नहीं रहने देती।

क्या यह हिंदू नास्तिकता है या कि संदेहवाद या कि यह फिर आस्तिकता है ? या कि यह पश्चिम की ईसाइयत से झगड़ने और भारतीयता प्राप्त करने की तरकीब है, कला नीति है ? शायद, हाँ। लेकिन क्या वे प्राप्त कर पाते हैं ?

भारतीयता को पश्चिम से बचाकर, उसके नैसर्गिक रूप में पाने की अकुलाहट यदि नई पदावली में कहा जाए तो, एक उत्तर-औपनिवेशिक सांस्कृतिक विमर्श है जो इन दिनों तीसरी दुनिया के देशों और समाजों में एक व्यापक एवं 'स्वाभाविक' विमर्श है। इसमें उपनिवेश होने की नियति यानी इतिहास के दंड और उपनिवेशी चिह्नों से अंतिम मुक्ति की तमाम कोशिशें ऐतिहासिक ही हैं चाहे वे मिथकीय हों, चाहे परंपराओं को जगाती हों, चाहे स्थानवाद या नस्लवाद को जगाती हों या धर्म की कट्टरताओं को जगाती हों!

यों यहाँ भी दो तरह की स्थितियाँ मिलती हैं : एक, भारतीयता उस तरह ढूँढ़ी जाती है जिस तरह इन दिनों राष्ट्रीय स्वयंसेवक संघ और उसके अनुषंग ढूँढ़ते हैं जो अंततः किसी पुराने, मिथकीय सतयुग के सपने की असंदिग्ध पूर्वता, पवित्रता और शुद्धता से परिचालित है, जो गुलामी के दौर में डाले गए पराए इस्लामी और ईसाई चिह्नों को किसी भी कीमत पर धोकर अपने स्वत्व को यानी किसी खांटी भारतीयता को प्राप्त करना चाहती है जो किसी भी अन्य के चिह्न से मुक्त और साफ हो। उत्तर-औपनिवेशिक विमर्श की दूसरी धारा वह है जो कि 'पश्चिम के तमाम चिह्नों को मिटाया जा सकता है' में यकीन नहीं करती लेकिन उनसे भिड़कर और उनके कुछ उपयोगी उपादानों के जरिए अपनी किस्म की भारतीयता बनाई जा सकती है, ऐसा यकीन करती है। इसमें सबाल्टर्नवादियों का एक धड़ा और गांधीवादियों और प्रगतिशीलों का भी एक धड़ा शामिल दिखता है। निर्मल शायद इसी वर्ग में रखे जा सकते हैं। उनके यहाँ ईसाइयत से लगभग वैसी ही चिढ़ है जैसी विवेकानंद में है लेकिन इस्लाम को लेकर वे बहुत उद्विग्न नहीं दिखते

जैसे कि संघ वाले दिखते हैं।

यहाँ आकर समस्याएँ और बढ़ जाती हैं। देखें कि इस तरह सोचते हुए निर्मल कहाँ पहुँचते हैं ? कल तक उपनिवेश रहे देशों में अपने देशज मार्ग खोजने के लिए व्याकुल लोग इस मार्ग को अपनाते हैं। इस मार्ग में औपनिवेशिक पश्चिम ही खल ठहरता है। उसका अस्त्र उसका इतिहास है। उत्तर-औपनिवेशिक विमर्शों में इतिहास को लेकर ही सारी जद्दोजहद होती है क्योंकि दुनिया का वही अशेष कैदखाना है। निर्मल इस इतिहास को संदिग्ध ही नहीं अपराधी भी मानते हैं और स्मृति पर जोर देते हैं। यह बात कहीं-कहीं समृति और इतिहास के विलोम युग्मों की तरह भी प्रकट होती है और निर्मल में यह विमर्श इतना ज्यादा है कि उसके यहाँ उद्धरण देना व्यर्थ है। हम इसे निर्मल का स्थायी विचार कह सकते हैं और कह सकते हैं कि निर्मल पता नहीं कब से इस किस्म की भारतीयता की तलाश में हैं जिसे बाद के उत्तर-औपनिवेशिक विमर्शों ने अधिक वैधता और व्यवस्था दी है और जो काफी हद तक एडवर्ड सईद जैसे उत्तर-संरचनावादियों ने एक जिरह में बदली है जिसे उत्तर-आधुनिक समय में विकेंद्रण की प्रक्रिया से बल मिला है और जो तकनीकी क्रांति के बिना एक सत्य के रूप में नजर नहीं आती और जिस तकनीकवाद का निर्मल समेत अनेक उत्तर-औपनिवेशिकवादी विरोध करते नजर आते हैं या उसे पश्चिमी वर्चस्व के चिह्न की तरह देखते हैं। निर्मल को यहाँ पूरे अंक दिए जाने चाहिए क्योंकि वे विवेकानंद, गांधी, अरविंद और आनंद कुमार स्वामी के विमर्शों को फिर से उठाकर यहाँ पहुँचते हैं। यह काम अन्य भारतीयतावादी नहीं करते। कोई नहीं करता। यह किसी हद तक और कुछ पुराने ढंग से मैथिलीशरण गुप्त की 'भारत भारती' में मिलता है, कुछ प्रसाद में मिलता है लेकिन उस उच्छ्‌वासपूर्ण मुठभेड़ से ज्यादा निर्मल के यहाँ तर्कपूर्ण और गहरे विमर्श बनते हैं। उपनिवेश के उत्तर में वे अपना स्व-धर्म लाते हैं। केंद्रवादी विकास की जगह नैतिक, मानवीय, पर्यावरण रक्षक, मूलोच्छेद विहीन विकास की परिकल्पना की जाती है। राजनीति में नैतिकता का प्रवेश जरूरी समझा जाता है और धर्म के अनुभव को अनिवार्य किया जाता है।

निर्मल के यहाँ भारतीय संस्कृति की स्मृति की पाँच हजार साल

से आती धारा का अविरल प्रवाह एक भूमिका की तरह बिछा मिलता है। वे जिसे सतत कहते हैं उसमें हुई मिक्सिंग को मिटाते चलते हैं। यद्यपि हजारों साल की स्मृति, मिथक, बिंब, प्रतीक भी पूर्व-प्राप्त, परिशुद्ध और अकलुष तब और वहाँ भी नहीं रहे जहाँ कोई अन्य आक्रांता नहीं आया। तब किस सांस्कृतिक सातत्य की बात है जो अविरल है ? जी ! यह भाव और भावना, स्मृति और परंपरा की बात है जिसे परिवर्तनशील पश्चिम के विरुद्ध शुद्धतम रूप में ही बताया जाना है। यह रणनीति है स्वत्व को कहने की रणनीति ! बनाने की रणनीति।

इसकी समस्यात्मकता बाद में, पहले हम देखें कि निर्मल की भारतीयता की इस रणनीति का सार क्या है ?

यह है संस्कृति की अवधारणा में :

> पश्चिम संस्कृति अलगाव का फल है भारतीय में जीवन का अविच्छिन्न हिस्सा जैसे 'तुलसी की रामायण हमारी संस्कृति का अंश' है। (58, 'शब्द और स्मृति')

यूरोप में संस्कृति 'आत्मसजग, विकसित आत्मचेतना' का उपक्रम है लेकिन भारतीय अर्थ में वह विशिष्ट नहीं सामान्य भावबोध है, प्रकृति है, स्वभाव है। यूरोप में इतिहास का कर्ता मनुष्य ही संस्कृति का आत्म-सजग कर्ता है लेकिन यहाँ कोई कर्ता नहीं है; यहाँ कर्ता यानी आधुनिक नायक का तिरोधान हो जाता है। कर्ता ही नहीं तो इतिहास कहाँ से आया ? इस रास्ते हम एक निसर्ग की प्राथमिकता को बनाएँगे जिसमें मनुष्य निसर्ग का हिस्सा होगा, नायक न होगा कर्ता न होगा। कर्ता की जगह प्रकृति होगी या ईश्वर होगा या नियति होगी या माया होगी ! इतिहास की जगह लेने के लिए भारतीय के पास चार विशेष भाव हैं। निर्मल प्रकृति को चुनते हैं। भक्त ईश्वर और माया को चुनते हैं। प्रसाद नियति को चुनते हैं। निर्मल एक सुदृढ़ परंपरा में हैं। वे अपने विचारों में अकेले नहीं हैं। आप उनकी निंदा कर सकते हैं लेकिन उनसे पार पाना कठिन है। कारण उनके साथ भी एक पूरा भारत खड़ा है जो उन्हें वैधता और सत्ता देता है। अपने भारत को पाने के लिए उनकी आकुलता की तुलना या तो विवेकानंद के विमर्श से की जा सकती है

या गांधी के हिंद स्वराज के विमर्श से। हमने कहा कि वे अकेले नहीं हैं। यही उनकी ताकत है।

वे भारतीयतावादियों के उसी वर्ग में आते हैं जो पश्चिम के सब कुछ को नष्ट नहीं करके उससे कुछ लेकर अब सिर्फ अपना कुछ बनाना चाहता है। यहाँ भी वे विवेकानंद और गांधी के नजदीक हैं। इसीलिए वे हिंदू होते हैं लेकिन हिंदुत्ववादी नहीं होते। यद्यपि लोग उनके वैसा होने का इंतजार करते हैं। यहाँ बहुत सावधानी से निर्मल को पढ़ने की जरूरत है क्योंकि वे कोई आसानी देने वाले लेखक नहीं हैं इसलिए उनके चुनाव सुविधामूलक नहीं विकल्पमूलक हैं। वे एक ऐसा भारत बनाते हैं जिसे सेक्युलरों ने अपने पश्चिमी समाजवादी पूर्णता के दंभ में दबा दिया है और अब जिसे ढूँढ़ने के लिए, पाने के लिए वे भी व्याकुल हैं जबकि इस शून्य को भरने के लिए हिंदुत्ववादी आगे आ गए हैं और उसके एकल दावेदार बने हुए हैं।

सीधे शब्दों में कहें तो पश्चिम से निर्मल की मुठभेड़ के लिए धर्म और उससे निरपेक्षता एक बड़ा पद-समुच्चय है जिससे निर्मल की भारतीयता को खोला जा सकता है और जिसे चालू धर्मनिरपेक्षता के हल्ले में सांप्रदायिक कहने के लालच में नहीं आना चाहिए। यहीं हमें जातीयता की स्मृति का प्रकार्य मिलेगा और जातीय निर्माण का उपक्रम, जो एक बार फिर पश्चिमी पदावली ही है। यह उलझन निर्मल में चलती है जैसी कि वह पश्चिम में रहे और उसको भी सार्थक मानकर चलने वाले हर पूरबवादी में होती है जिसे अक्सर अंधराष्ट्रवादी कह दिया जाता है जबकि वह राष्ट्र की खोज ज्यादा होती है, उसका निर्माण कम होती है। सेक्युलर में धर्म का निष्कासन नहीं हो तो निर्मल सेक्युलर को बेहतर मान सकते हैं। सोचना यह है कि सेक्युलर का जो संस्करण है क्या ताकई उसमें धर्म का निषेध है या कि यह निर्मल की कम्यूनिस्ट विरोध की नीति की झोंक है जैसे कि सेक्युलर हिंदू विरोध की झोंक में धर्म-विरोधी से नजर आया करते हैं।

'दूसरे शब्दों में' नामक निबंध एवं साक्षात्कार संग्रह में निर्मल इस विषय में थोड़े विस्तार में और सीधे जाते हैं :

> 'जब किसी ने गांधी जी से राजनीति और धर्म के संबंध के बारे में प्रश्न किया था तो उत्तर में उन्होंने कहा था, 'वे लोग जो राजनीति को धर्म से अलग करके देखते हैं वे न तो राजनीति का अर्थ समझते हैं न धर्म का' (पृ. 90)।

धर्मनिरपेक्षता के पश्चिमी आशयों और भारत में पिछले पचास वर्षों में उसके आचरण के प्रति आलोचना विकसित करते हुए वे सांप्रदायिकता जैसे प्रायः गैर-निर्मलीय विषय पर आते हैं और पश्चिमी धर्मनिरपेक्षता से निःसृत 'अज्ञान के अँधेरे' के खतरे के बारे में बताते हैं। 'बीच की राह' नामक यह निबंध पता नहीं क्यों लोगों का ध्यान नहीं खींच सका जो निर्मल को भारतीय किस्म की धर्मनिरपेक्षता का अटूट विमर्शकार बनाता है और जिससे स्वयं को धर्मनिरपेक्ष कहने वाले लोगों को उलझना चाहिए। निर्मल के यहाँ 'सेक्युलर' एक पश्चिमी यूरोपीय पद और आचरण है और भारतीय होने के लिए उसे बदलना होगा। गांधी उसका इशारा देते हैं और इन सांप्रदायिक दिनों में तो यह अनिवार्य विमर्श है। निर्मल कहते हैं कि जीवन के आधुनिक संस्थानों से धर्म को हंकाल देने का परिणाम यह हुआ है कि हिंदू-मुस्लिम-सिख-ईसाई आदि एक-दूसरे के धर्म के बारे में नहीं जानते क्योंकि वे पाठ्यक्रमों में नहीं हैं, शिक्षा-संस्थानों में नहीं हैं :

> 'जिन क्लासिक भाषाओं के ज्ञान से हम एक-दूसरे की दृष्टि, दर्शन, धर्म की कोई अंतर्दृष्टि प्राप्त कर सकते हैं– संस्कृत, फारसी, अरबी भाषाएँ–आज अंग्रेजी के प्रभुत्व तले न केवल घोर उपेक्षित हैं बल्कि उन्हें सीखने-जानने के हमारे परंपरागत शिक्षा-संस्थान और पुस्तकालय अध्ययन केंद्र बचे थे वे भी धीरे-धीरे नष्ट हो रहे हैं।' (पृ. 91, वही)।

> इन्हें पढ़ाने की जरूरत है ताकि अज्ञान का अँधेरा छँट सके क्योंकि जिस धर्मनिरपेक्ष समाज में हम रह रहे हैं उसमें उसके क्या परिणाम हुए ? 'हमारी शिक्षा-संस्थाओं स्कूलों, कॉलेजों में धर्म-शिक्षा के लिए कोई स्थान नहीं है जिसके

> कारण एक ही कक्षा में पढ़ने वाले हमारे हिंदू-मुस्लिम-सिख-ईसाई छात्र एक-दूसरे के धर्म विश्वासों, अनुष्ठानों, पर्वों के प्रति कोई ज्ञान, कोई जिज्ञासा नहीं रखते। (पृ. 91)

हमारे समाज में बढ़ती सांप्रदायिकता इसी 'अज्ञान के अँधेरे' की उपज है।

> 'जब मनुष्य को ताजा पानी पीने को नहीं मिलता तो उसे बरबस अपनी प्यास गंदले जल से बुझानी पड़ती है। धर्म को समाज से निष्कासित करने के बाद जो आत्मशून्यता फैलती है उसमें अनेक बीमारियों के बीज—वह चाहे भौतिक लोलुपता हो, वैचारिक कट्टरता हो, उपभोगी वृत्ति हो—मौजूद रहते हैं। सांप्रदायिकता इस बीमारी का लक्षण है तो आत्मशून्यता को भरने का साधन भी। धर्म नहीं है इसलिए धर्म के छद्मवेश में वह हमें छलती है—कुछ इस तरह जैसे एक समय में न्याय और समता का वेश धारण करके साम्यवाद हमारे बुद्धिजीवियों को भ्रमित करता था। यदि इन बुद्धिजीवियों और सेक्युलर राजनीतिज्ञों को धर्मनिरपेक्षता का नारा आकर्षित करता है तो इसलिए कि वह धर्म का स्खलित रूप—विद्रूप कहें तो बेहतर होगा—को तो देखते हैं जो सांप्रदायिकता से प्रकट है उसके आत्यंतिक सत्य को नहीं जिसे हमने देशनिकाला दे रखा है।' (पृ. 91-92, वही)

तो जब निर्मल लौटते हैं तो धर्म का भाव लौटता है और उससे जुड़ी संरचनाओं का भाव लौटता है। यों देखें तो सेक्युलर होने के बावजूद धर्म जीवन से कभी गया नहीं। वह समाज सामुदायिक जीवन के जनक्षेत्रों को संचालित करने की शक्ति रहा आया है। हाँ, निर्मल कह सकते हैं कि उसका मूल भाव नहीं रहने दिया गया। उनके अनुसार अगर लोग एक-दूसरे के धर्म और परंपराओं के बारे में जानते तो सांप्रदायिकता नहीं होती। एक तरकीब के रूप में यह सच हो सकता है लेकिन धर्म का पुनर्गठन और उसके अनुसार समाज का पुनर्गठन भी आधुनिकतावादी योजना ही है और इस मायने में संघ टाइप के धर्म केंद्र

आधुनिकीकरण की समग्रतावादी प्रक्रिया के उदाहरण हैं जो हिंदू धर्म का सेमिटाइजेशन करना चाहते हैं। धर्म का पुनर्नियोजन जब भी होगा अव्वल तो वह मूल रूप में नहीं होगा और जो होगा उसमें संगठनात्मकता होगी ही और प्रतिस्पर्धा भी होगी। लेकिन निर्मल के यहाँ ऐसी आशंकाएँ नहीं हैं। धर्म को वे दरअसल आधुनिकता के प्रतिकार के रूप में ही देखते हैं। आधुनिकता 'आत्म-उन्मूलन' है। (पृ. 94, अस्मिता की खोज—दूसरे शब्दों में)। साहित्य आत्म को वापस करता है, अस्मिता की रक्षा करता है। यही साहित्य का प्रकार्य है। निर्मल स्वयं कहते हैं कि मामला आस्तिक नास्तिक का नहीं है बल्कि 'अर्थ को पाने की तड़प' का है (पृ. 97, वही)। इस अर्थ में उसमें जीवन-बोध तो शामिल ही है 'मृत्यु का वह बोध भी शामिल है जो एक छाया की तरह मनुष्य को उसकी नश्वरता का अहसास करवाता है।' (पृ. 97, वही)

निर्मल का पश्चिम से झगड़ा मामूली किस्म का नहीं है, बहुत जिद-भरा और जटिल है। वे उससे लड़ते-लड़ते जब अतीत की बात करते हैं तो प्रगतिशील विमर्श को मानो जबाव देते हैं :

> सबसे बड़ा व्यंग्य यह है कि हमारे समाज का जो छोटा-सा संप्रदाय अब भी आधुनिकता की चपेट से अपने भाषागत संस्कारों को अक्षुण्ण रख सका है उसे हमारे शहरी पश्चिमी शिक्षा से लैस बुद्धिजीवी वर्ग ने 'पुनरुत्थानवादी' कहकर मुद्दत से हाशिए पर धकेल दिया है। संयोगवश यह शब्द हमारी मानसिक गुलामी की ही देन है जिसके कारण पुनरुत्थान जैसे सुंदर शब्द का एक गाली की तरह उपयोग किया जाता है। (पृ. 111/वही)

निर्मल को कौन कहे कि पुनरुत्थान की सुंदरता भी उसी आधुनिकता का परिणाम है जिसके रेनेसाँ ने उसे अर्थ दिए हैं वरना भारतीय परंपरा में उस पुनरुत्थान की बात नहीं है, पुनर्जन्म की बात जरूर है जो कर्ता आदमी के बस का नहीं है कर्म के अधीन है, वह भी हिंदू के वैष्णव वर्ग में, सनातन वर्ग में। और आधुनिकता की चपेट में आने से सिर्फ अब कुछ आदिवासी भी नहीं बचे क्योंकि भाषा के कथन में आते ही वे आधुनिकता में आ गए। इस आधुनिकता की पदावली

के भीतर से आधुनिकता की काट भला कैसे होगी ? क्या वितर्क की यह पदावली जिस सत्तामूलक विमर्श की माँग करती है और उत्तर औपनिवेशिक पदावली जिस राष्ट्रवाद मूलक सत्ता-विमर्श की माँग करती है उसमें लगभग वही सब होना है जो यूरोप के राष्ट्रों के निर्माण की दो चरम परिणतियों (युद्धों) में हुआ ! मगर निर्मल अपने वितर्क को अपने ही ढंग से अधूरा छोड़ते हैं। निर्मल के विमर्श की विशेषता यह है कि वे आधुनिकता से निकलकर एक ऐसे स्वायत्त संसार में जाना चाहते हैं जहाँ से वे आधुनिकता को समस्याग्रस्त कर सकें लेकिन वे जब भी धर्म और स्मृति और परंपरा की ओर जाते हैं और आत्म-उन्मूलन की यातना से झगड़कर अनुभव की सत्यता को इकट्ठा करते हैं तो वे फिर उस स्वायत्तता को खो देते हैं क्योंकि इनमें से हर बात अंततः एक टोटल व्यवस्था की माँग करती है जिसमें फासिज्म अपने दाँत पैनाता है। वे अपनी मेहनत से कमाए गए उपादानों को समग्र करने की होड़ में एक ऐसे विमर्श की माँग करते हैं जो अंततः एक केंद्रवाद की ओर जाता है जिसमें 'अन्य' के जनतंत्र की कोई जगह नहीं बचनी है। जबकि एक केंद्रवादी फासिज्म से उनकी भावात्मक घृणा और बौद्धिक झगड़ा हिंदी के किसी भी प्रगतिशील लेखक से कहीं ज्यादा गहरा और आत्यंतिक है। निर्मल अपने जनतंत्र की आंतरिक माँग और अपनी स्मृति की स्वतःस्फूर्त अव्यवस्था के बीच फँसते हैं। इस फँसने में जो यातना बनती है वही उनका सबसे चमकदार किंतु अँधियारा पहलू है जिसे हम उनकी कृतियों और कथाओं में लगातार चमकता और बुझता देख सकते हैं। विचित्र है कि इस जलने-बुझने के बीच जो जादू कहानी पैदा करती है वही उनके चिंतन में होता है कि जहाँ उनके तर्क सर्वाधिक ताकतवर होते हैं वे वहीं अपनी कैद के सींखचे बनाते हैं। वे धर्म की ओर लौटते हैं लेकिन आधुनिक तर्क से ही लौटते हैं और तर्क अंततः उन्हें टोटल करता है यानी एक केंद्रवाद की ओर धकेलता है जो उन्होंने भले स्पष्ट नहीं किया हो लेकिन केंद्र ने उन्हें स्पष्ट कर दिया है। निर्मल की संरचनाओं में आने वाली धुंध इसी चमक और अँधेरे के बीच की आँखमिचौली है जिसमें सत्य के जुगनू जलते-बुझते उड़ते रहते हैं और इसी में प्रकाशित और अंतर्निहित होते हैं। जिस तीव्रता से और जिस आकुलता से वे इस विभक्ति को पकड़ते हैं हिंदी में कोई दूजा नहीं

पकड़ता जबकि यह विभक्ति वास्तविक है। वे उससे एक तर्क बनाते हैं, अवसर नहीं। तर्क बनाकर वे स्वायत्तता खोते हैं और भूल जाते हैं कि जिससे लड़ने चले थे, उसी के सामने उसी जैसा नया कुछ बना रहे हैं। वे अपनी स्मृति को इतिहास के विरुद्ध एक तरकीब की तरह फेंकते हैं लेकिन तर्क से उसे समग्र करके वे उसे भी इतिहास का सख्त ढाँचा दे देते हैं, टोटल कर देते हैं। उनके व्यंजक अपनी संपूर्ण व्यवस्था पाकर जनतंत्र को अनुपस्थित कर देते हैं जबकि वे जनतंत्र के सबसे बड़े हामी होते हैं। वे आंतरिक जनतंत्र के हामी होते हैं लेकिन वे आंतरिक को टोटल करके बाहरी को बाहर कर देते हैं। यह शायद उनके राजनीतिक विमर्शों का परिणाम है कि जिस तरह उनके विलोमवादी अपने समग्रवादी समाजवाद से नहीं निकल पाते, वे फ्रैंकफुर्तवाद की समग्रता से नहीं निकल पाते। इससे एक नई यातना की सृष्टि होती है जो उनकी अनचाही है मगर होती है और पाठकर्ता को बार-बार मिलती है।

आधुनिकता का शायद सबसे सटीक प्रतिकार पूर्व-आधुनिकता के किसी क्षण के आग्रह से हो सकता है या उत्तर-आधुनिकता के क्षण को बनाने से हो सकता है और उसे बचाने की कोशिश रचना में कोई नया जादू पैदा कर सकती है। लेकिन निर्मल जानते हैं कि आप आधुनिकता के दबाव से निकल नहीं सकते। यदि हम निर्मल के सहारे यूरोपीय आधुनिकता के 'पूर्व' के क्षणों में कला के क्षणों के होने-बनने के बारे में एक कल्पना करें तो वह कल्पना किसी एक भक्त कवि की हो सकती है जो पूर्व-आधुनिक पलों में रहता होगा। आप चाहें तो तुलसी को केंद्र में रख लें या सूर को या मीरा को या किसी को। वहाँ आत्म का संकट माया के अवधान से है और मुक्ति आत्मज्ञान से है या भगवद्कृपा से है जिसमें इस संसार को उस प्रभु की लीला मानकर उसमें रस लेना ही जीने की एकमात्र प्रविधि है। वहाँ यातना कलिकाल की है यानी माया की है। यातना से मुक्ति के लिए वहाँ तर्क की ओर नहीं आया जाता। वह एक निजी मुक्ति का अवसर है। निर्मल संत नहीं बनते लेकिन संतभाव को विषय बनाकर एक रास्ता-सा निकालते हैं कि शायद अनुभव की चरमता एक ऐसे आदमी के पास भी हो सकती है जो ईश्वर में भरोसा नहीं करता।

'धुंध से उठती धुन' के पहले पृष्ठ पर ही वे एक जगह अपनी

डायरी में टीपते हैं :

> क्या बिना ईश्वर में विश्वास किए कोई संत हो सकता है ? जिस हद तक तुम दुनिया में उलझे हो, उस हद तक तुम उसे खो देते हो। कलाकार दुनिया को छोड़ता है ताकि कृतित्व में उसे पा ले। तुम यथार्थ को अपने पास रखकर उसका सृजन नहीं कर सकते तुम्हें उसके लिए मरना होगा ताकि वह तुम्हारे लिए जीवित हो सके।' (पृ. 13-14)

फिर एक जगह वे अपने ईश्वर के प्रति अविश्वास को बताते हैं और अपने कलाकार को नास्तिक संत बना देते हैं :

> मेरे लिए लिखना और लौटना एक चीज है।' (धुंध से उठती धुन, पृ. 14)

इस तरह नास्तिक संत लौटता है, स्वधर्म में लौटता है लेकिन वह धर्मानुभूति कहाँ, जिसे संतों में हम देखते हैं या उनमें हो सकती है ? निर्मल अपने 'हिंदू बोध' तक पहुँचते हैं पूर्णभक्त वे नहीं हो पाते, सो यातना बढ़ती है। लौटने की बात करके भी आदमी लौट कहाँ पाता है! हिंदू वैष्णव कर्मानुसार चौरासी लाख योनियों में भटकता फिरता है, अलगाव में रहता है अपने ईश्वर से ! संत तो कहता है कि जिस दिन से वह अपने ईश्वर से अलग हुआ है निरंतर भटक रहा है, अविद्या भटका रही है यानी यह ज्ञान भी कि अविद्या भटका रही है उसे मुक्ति नहीं देता। नाम स्मरण कीर्तन या गुरु ही उसे मुक्ति देता है। निर्मल का अलगाव ऐसी ही आत्मा का भटकाव है जिसे वे इन्हीं शब्दों में नहीं कहते लेकिन उनके रूपक इसी तरह चलते हैं बस उनमें भक्तिकालीन संदर्भ नहीं होते। आप उन्हें जरा-सा भक्ति में ले जाएँ तो वे आपको मुक्ति के अर्थ देने लगते हैं। तो भी वे वैष्णव की वार्ता नहीं कहते, न वैसा भागवत कहते हैं। तब वे किस तरह उस भारतीयता की बात करते हैं जो पूर्व-आधुनिक (गैर-आधुनिक ?) क्षणों में रही होगी ? वे आधुनिकता के बीच और उससे थोड़ा आगे निकल उत्तर-आधुनिक वक्त में एक प्रकार की कला/भक्ति की बात करते हैं। शुद्धानुभव/ईश्वर की प्राप्ति के अनुभव की आस लगाते हैं, उसे पूजते हैं। लेकिन इस

पूजा में जितना अंध-आग्रह है उतनी ही चमक बढ़ती जाती है। साहित्य के समकालीन मीडियाकर के वातावरण में वही अलग से दिखती है आकर्षित करती है ? निर्मल वर्मा की यह 'रिस्क' ही उनकी उपलब्धि है और यही उनकी यू.एस.पी. है कि वे लगभग हर आधुनिक बात के विरुद्ध पड़ते हैं और विलोम होकर आकर्षित करते हैं। उनकी नास्ति के साथ अस्ति को साधने की उलझन और उनकी हकलाहट, परिणामस्वरूप उनके अँधेरे-उजाले यदि इसी तरह तने रहते हैं तो वे एक अचीन्हे और अव्याख्येय जनतंत्र की ओर जाते मिलेंगे अन्यथा अपने अबूझ रास्ते में किसी टोटलाइजेशन वाले विचार-केंद्र में उनके गिरने और हताहत होने की पूरी संभावना है।

कैसे ?

उत्तर-उपनिवेशी विमर्श

उत्तर-उपनिवेशी विमर्श की असल समस्या 'यूरोप के प्रांतीयकरण' की है।

(दीपेश चक्रवर्ती/पोस्टकॉलोनियलिटी एंड द आर्टीफाइस ऑफ हिस्ट्री/द पोस्ट कॉलोनियल स्टडीज रीडर।)

उत्तर-औपनिवेशिक विमर्शों में इस 'कैसे' का जबाव मिल सकता है, यद्यपि निर्मल तुनककर फिर किसी 'वाद' के घेरे में आने/लाने को हेय कहेंगे लेकिन आधुनिकता के कोई भी विमर्श जब 'वाद' बनते हैं तो वे अपने केंद्र बनाने की खातिर बनते हैं किसी से पूछकर नहीं बनते और निर्मल का वाद भी यदि कोई बनाता है तो उन्हें लोकेट करने, समझने के लिए न कि उन्हें कैद करने के लिए।

उत्तर-औपनिवेशिक विमर्शों में राष्ट्रवाद एक महत्त्वपूर्ण प्रत्यय माना जाता है। राष्ट्रवाद सबाल्टर्न विमर्श में भी एक महत्त्वपूर्ण समस्या माना जाता है। पार्थ चटर्जी का तो लेख ही है : 'नेशनलिज्म एज ए प्रॉब्लम'।

उत्तर-औपनिवेशिक विमर्श वह विमर्श है जो यूरोपीय उपनिवेशों के आजाद होने के बाद स्वत्व की तलाश और छटपटाहट में पैदा होता है और जो किसी तरह से अपने स्वभाव को पाने में औपनिवेशिक अवशेषों को एक बड़ी बाधा पाता है। उत्तर-औपनिवेशिक विमर्श मानता है कि आजाद हुए समाज किसी-न-किसी रूप में अब भी नव-औपनिवेशिक वर्चस्व से जूझ रहे हैं और मिली हुई आजादी ने समस्याओं को हल नहीं किया है। आजाद हुए समाजों के बुद्धिजीवी वर्ग ने इस वर्चस्व को अक्सर स्वीकार किया है। मजबूत किया है। अब भी 'मूलवासियों' के प्रति भेदभाव उनके अपने समाजों में है (द पोस्टकॉलोनियल रीडर/संपादन/बिल एशकॉफ्ट, गैरेथ ग्रिफिथ, और हेलन टिफिन/पृष्ठ 2) लेकिन जैसा कि उत्तर-आधुनिक ज्ञानावस्था में है : उत्तर-औपनिवेशिक विमर्श समस्याहीन विमर्श नहीं रहा है। भूमंडलीकरण और उत्तर आधुनिकता उसे तंग करती है। उपनिवेशी स्मृतियों और वर्चस्व से प्रतिशोध लेने की प्रक्रिया में आने वाली नीतियों के मार्ग में अनेक संकट आते हैं।

निर्मल के संकट तभी पहचाने जा सकते हैं जब हम थोड़ा उत्तर-औपनिवेशिक विमर्श की समस्याएँ जान लें। तब हम निर्मल के भारतीय होने का अर्थ समझ सकेंगे और भारतीयता को खोल सकेंगे। निर्मल उत्तर-औपनिवेशिक विमर्श के लिए एक सर्वांग टैक्स्ट इसीलिए बना पाते हैं कि उनमें यूरोप के होने का यानी 'अन्य' का बोध अन्य हिंदी लेखकों से सर्वाधिक तीखा है और उससे छूटने अलग होने की सचेत वैचारिक विकलता उन्हें 'अनुभव' की प्राथमिकता का सतत दावेदार बनाती है। शुद्ध अनुभव के स्वत्व को पाने की जैसी व्यथा निर्मल में है अन्यत्र नहीं है और जितने विचार और उपक्रम इस काम के लिए वे सुझाते हैं कोई नहीं सुझाता। उनके ये प्रयत्न उनमें निराली चमक पैदा करते हैं और सम्मोहन की शक्ति पैदा करते हैं। एक दुर्निवार छलना पैदा करते हैं। उत्तर-औपनिवेशिक विमर्श बताते हैं कि जो काम निर्मल हिंदी में करते हैं वह काम अफ्रीका, लैटिन अमरीका में अनेक लेखक करते हैं और भारत में सबाल्टर्न अध्ययनों का एक फिरका ऐसा ही करता है। यह कथन इसलिए जरूरी है कि निर्मल के विचार-उद्यम को कई लोग यूरोपीय नकल भर मानते हैं जबकि मामला बेहद मौलिक और गहन है और अधिक अवधान माँगता है।

फ्रांज फेनन ने पूर्व-उपनिवेशों के उत्तर-औपनिवेशिक दौर में सांस्कृतिक उभार के 'तीन चरणों' को रेखांकित किया है। ये चरण उपनिवेश होने के दौरान और बाद के दिनों में नजर आते हैं। यह संक्षिप्त संदर्भ निर्मल के सांस्कृतिक विमर्श को समझने के लिए तो जरूरी है ही वह समकालीन सांस्कृतिक पलट को समझने के लिए भी जरूरी है। चिदी अमूटा ने फ्रांज फेनन के विचारों को कुछ इसी संदर्भ में यों रखा है :

> उपनिवेशित समाजों में पहला चरण 'शामिल करने का चरण' होता है। देसी बुद्धिजीवी प्रमाण देता है कि वह सत्तासीन संस्कृति को पचा रहा है। इस चरण में देसी कलात्मक रूप उपनिवेशवादी रूपों जैसे होते हैं।
>
> दूसरा चरण सांस्कृतिक राष्ट्रवाद का होता है जिसमें देसी बुद्धिजीवी अपनी स्थानीयता के प्रामाणिक पहचान के चिह्नों को स्मृत करता है और उन्हें छीनने वालों से झगड़ता है। लेकिन वह बीते दिनों को रूमानी ढंग से आदर्शीकृत करता है और अलगाने की कोशिश करता है।
>
> तीसरा राष्ट्रवादी चरण होता है जिसमें वह 'जनता को झकझोरता' है। यह एक क्रांतिकारी चरण होता है जिसमें उपनिवेशी शक्तियों के शोषण की पहचान होती है और साहित्यिक-सांस्कृतिक अभिव्यक्तियों के जनतंत्रीकरण की संभावनाएँ तलाशी जाती हैं।

अफ्रीकी लेखक काब्राल और न्गुगी वा थोंग'ओ लगभग ऐसे ही सांस्कृतिक राष्ट्रवाद की अनिवार्यता बताते हैं जैसी कि कुछ अंधे हेर-फेर से इन दिनों राष्ट्रीय स्वयंसेवक संघ में हम पाते हैं। राष्ट्रवाद के इस संस्करण में नस्ल, जाति, धर्म और अतीत के तमाम सवाल उठते ही हैं। अनेक अफ्रीकी उदाहरण ऐसे हैं। इनके पीछे रहती है अस्मिता की तलाश। 'देश' की तलाश उसका प्रमुख विषय रहता ही है। देश बनाने में इतिहास को बनाना जरूरी हो जाता है यानी एक प्रति-इतिहास बनाना ! निर्मल जब हजारों साल की परंपरा की बात करते हैं तो वे उपनिवेशी इतिहास के बरक्स एक इतिहास की ही बात करते हैं, भले

उनके लिए इतिहास एक संदिग्ध आधुनिकतावादी और खतरनाक संरचना हो ! यहाँ से हमें सबाल्टर्न विमर्श का स्पर्श करना चाहिए :

निर्मल जब इतिहास की जगह स्मृति को तवज्जो देते हैं तो वे एक प्रकार का उत्तर- आधुनिक दावा कर रहे होते हैं, जहाँ इतिहास और कल्पना मिक्स हो जाती है। हम देख चुके हैं कि इतिहास का घोर विरोध निर्मल का स्वभाव है। यह तरकीब ऐसी इतिहास- विरोधी संरचना संभव करने की तरकीब है जो प्रायः सशक्त सामूहिक स्मृति को संभव करती है। 'पोस्ट कॉलोनियलिटी एंड आर्टीफाइस ऑफ हिस्ट्री' नामक लेख में दीपेश चक्रवर्ती (देखिए : द पोस्ट कॉलोनियल स्टडीज रीडर, पृष्ठ 383) इतिहास और स्मृति को लेकर एक अन्य संदर्भ में ऐसा ही कहते हैं जिसके आलोक में निर्मल के प्रति-इतिहासवाद को देखा जा सकता है। निर्मल का स्मृति-उपक्रम ऐसा ही लगता है।

लेकिन यहाँ से निर्मल की अनदेखी समस्याएँ आरंभ होती हैं। मसलन सामूहिक स्मृतियों के सघनीकरण में उनके भीतर दमन बढ़ जाते हैं। जाति और लिंग के दमन यथावत रहते हैं। समुदाय और समूह के संघटन में, आदर्शीकरण में उनके आंतरिक रोग दब जाते हैं। क्या निर्मल की पीड़ा का अहसास इन समस्याओं के अचानक बीच में मिलने का अहसास है ? शायद हाँ ! निर्मल में विभक्त मन (कर्ता/इतिहास के कर्ता) की छटपटाहट यहीं से समझी जा सकती है और कि 'वह सच्ची हो सकती है' ऐसे संदेह का लाभ उन्हें जरूर दिया जा सकता है जिसकी शायद सर्वाधिक व्यथा-भरी टीपें का उनके ढलान से उतरते हुए वाले लेख में नजर आती है जिसकी संक्षिप्त चर्चा इस प्रसंग में कुछ आगे करेंगे।

उत्तर-उपनिवेशी विमर्शों में इतिहास की 'यूरोपीय कारीगरी' को कभी क्षमा नहीं किया जाता। निर्मल भी कभी क्षमा नहीं करते। 'पोस्ट कॉलोनियलिटी एंड द आर्टीफाइस आफ हिस्ट्री' नामक अपने उक्त उल्लिखित लेख में दीपेश चक्रवर्ती एक जगह लिखते हैं :

> आजादी की लड़ाई में अतीत की 'इतिहास-विरोधी—एंटी हिस्ट्रीकल—संरचनाओं ने सामूहिक स्मृति के सशक्त रूपों का निर्माण किया है' (पृष्ठ 383, देखिए : द पोस्ट कॉलोनियल स्टडीज रीडर, संपादक : बिल एशक्राफ्ट आदि)

इस तरह इतिहास में एक दोहरी गाँठ लगती है जिस गाँठ से ही 'भारतीय' इतिहास का 'कर्ता'/नायक या निर्माता/बात करता है। इस गाँठ के ओर 'भारतीय कर्ता' कर्ता भी है और कर्ता का 'विषय' भी है क्योंकि वह किसी 'एक भारतीय जनता' की परिकल्पना करता है जो हमेशा आत्म-विभक्त रहती है। उसमें एक ओर शहरी आधुनिक एलीट रहती है और दूसरी ओर आधुनिक होने वाली किसान जनता होती है। इस तरह भारतीय कर्ता आत्म-विभक्त ही रहता है। जब वह राष्ट्र-राज्य को सेलीब्रेट करता है तो हमेशा ही एक राष्ट्र के एक महावृत्तांत में बोलता है जिसका एक-एक विषय चपल यूरोप होता है। वह यूरोप जिसे साम्राज्यवाद और राष्ट्रवाद ने गाथाओं के जरिए उपनिवेशों को बताया है। जैसा कि होमी भाभा ने बताया है :

'स्वयं का प्रतिनिधित्व' करने की तरकीब यहाँ अधिक-से-अधिक 'मिमेटिक'/अनुकरणमूलक/ही हो सकती है।'

> भारतीय इतिहास इस तरह, चाहे वह समर्पित समाजवादियों ने लिखा हो या राष्ट्रवादियों ने लिखा हो, अंततः वह 'यूरोपीय इतिहास' के 'आधुनिक' कर्ता की नकल ही करता है और अंततः 'असफलता और कमी' के विषाद से भरा होता है। (वही, 384)

अब जरा इतिहास को लेकर निर्मल के विमर्श को याद कीजिए। आप उनमें दीपेश के कथन की छायाएँ और उससे अधिक दर्द पाएँगे। निर्मल हिंदी के ऐसे पहले रचनाकार हैं जो भारतीय के लिए यूरोप को अपना 'विषय' बनाते हैं और विषय के रूप में उसे छोड़ते नहीं बल्कि उससे एक अथक किस्म की लेकिन विषाद-भरी लड़ाई चलाते हैं। यदि दीपेश के पद का उपयोग करें तो हम इसे 'प्रोविंसियलाइजिंग यूरोप' कह सकते हैं। यूरोप के इस 'प्रांतीयकरण' में, जो यूरोप भाव है उसे आधुनिक साम्राजी यूरोप के साथ- साथ तीसरी दुनिया के राष्ट्रवाद ने अपनी हिंसा और साझेपन से सार्वभौमिक बनाया है। (पृ. 385, वही)

'यूरोप के प्रांतीयकरण' की योजना का इतिहास ऐसा इतिहास है जिसका अभी कहीं अस्तित्व नहीं है लेकिन जो विमर्शों में उपलब्ध है। हिंदी में निर्मल उसके एक बड़े गवाह हैं और इस नजर से उन पर

अधिक काम होना चाहिए।

आप निर्मल को पढ़िए तो आपको इस 'यूरोप के प्रांतीयकरण' की अनुगूँजें जगह- जगह मिलेंगी। यूरोपीय साम्राज्यवाद ने और तीसरी दुनिया के देशों के 'राष्ट्रवाद' ने राष्ट्रराज्य की सार्वभौमिकता अर्जित की है जो एक काम्य राजनीतिक प्रक्रिया है। राष्ट्रराज्यों ने अपने बनाए सत्यों को लागू करने के लिए संस्थान बनाए हैं। अर्थशास्त्र और इतिहास ऐसे ही दो संस्थान हैं। (पृ. 384-385, वही)

यहाँ से हम यूरोप के 'प्रांतीयकरण' को खोलें। दीपेश कहते हैं कि यह योजना 'सांस्कृतिक सापेक्षतावाद' की नहीं हो सकती। यह योजना सिर्फ 'तर्क/विज्ञान/ सार्वभौमिकताओं के उदाहरणों से संभव नहीं होती। वह सिर्फ यूरोपीय संस्कृति से संबद्ध नहीं है। वह 'विशिष्ट यूरोपीय सांस्कृतिक उपक्रम' मात्र नहीं है। इतिहास बनाने की समस्या सिर्फ इतने कथन से हल नहीं होती कि 'ज्ञानोदय का तर्कवाद हमेशा ही तर्कविहीन' है क्योंकि प्रति-यूरोप बनाने में वही 'तर्क के इतिहास का पर्याय' बन जाता है। समस्या यह है कि तर्क सबके लिए स्वतः स्पष्ट नहीं होता। उसे वैसा बनाया जाता है जो इतिहास के जरिए स्वयं को प्रकट करता है और वह जहाँ से उपजा उस उत्स से स्वयं को अलग कर लेता है।

इस तरह से प्रकट यूरोप भी एक 'कल्पित समुदाय' ठहरता है। प्रांतीयकरण में वह एक 'पूरब' की ही तरह बनाया जाता है, बनाया गया है लेकिन 'कल्पित' कहने मात्र से उसकी प्रकट अपील या पॉवर उससे रिक्त नहीं हो जाती। यूरोप के प्रांतीयकरण के लिए इसलिए दो तरकीबें जरूरी हैं :

(1) यह मानना कि यूरोप के द्वारा 'आधुनिक' विशेषण का अर्जन उस ग्लोबल इतिहास का अभिन्न हिस्सा है जो यूरोपीय साम्राज्यवाद की कहानी का अभिन्न अंग है;

(2) यह समझना कि यूरोप को आधुनिक का पर्याय बनाना सिर्फ यूरोपीयों का ही काम नहीं है। यह आधुनिकीकरण करने वाली विचारधाराओं के रूप में तीसरी दुनिया के राष्ट्रवादों का भी काम है। इस विशेष निर्माण में वे बराबर के हिस्सेदार रहे हैं। इन राष्ट्रवादों की यात्राओं में साम्राज्यवाद-विरोधी क्षणों के बनने से इनकार नहीं किया

जा सकता। यहाँ सिर्फ इतना कहा जा रहा है कि इस उपक्रम में यूरोप के प्रांतीयकरण की योजना न तो 'राष्ट्रवादी' हो सकती है न 'स्थानीयवादी' हो सकती है और न पूर्वज-वादी—अवास्तविक—हो सकती है।...आप ज्यों ही यूरोप को समस्याग्रस्त करेंगे तो भारत को विखंडित करने से नहीं बच सकते ! (वही, पृ. 386)

निर्मल यूरोप को समस्याग्रस्त कर भारत को बचाना चाहते होते हैं लेकिन क्या वह भारत बच सकता है ? यह वह प्रश्न है जिसका निर्मल ने अभी पूरा जबाव नहीं दिया है, और जिस पर निर्मल के आलोचकों ने भी विचार नहीं किया है। निर्मल के भीतर की निराशा क्या इसी भीतरी फाँस का या दोहरी गाँठ का परिणाम नहीं लगती? यूरोप का प्रांतीयकरण अपने ही गले को पकड़ना है और जब निर्मल अपना गला पकड़ते हैं तो पीड़ा अपने ही गले में होती है। दो सौ साल का उपनिवेशीकरण रक्त में बैठ गया है, आप अपने लक्षित आलोचना के विषय को अपने से बाहर नहीं रख पाते। अपनी ही आलोचना करते हुए एक आत्महंता स्थिति की ओर दौड़ सकते हैं। आप पीड़ित हो सकते हैं। क्या निर्मल की पीड़ा और यातना का सातत्य यहीं से नहीं पैदा होता है ? शायद इस चरम पर पहुँच कर ही वह पैदा होता है।

बार-बार यूरोप की गिरफ्त से निकलने की कोशिश उन्हें 'मृत्यु' के महाविमर्श की ओर ले जाती है। वे अपने पश्चिमी आत्म को मार कर ही आजाद हो सकते हैं लेकिन इसमें खुद का मरना भी निहित है। निर्मल मृत्यु के रूपकों में ऐसे अनेक इशारे छोड़ते हैं जिन्हें सरल ढंग से नहीं पकड़ा जा सकता। मृत्यु का विमर्श उनके यहाँ बार-बार और लगातार 'परिंदे' (1959) से लेकर 'अंतिम अरण्य' (2000) तक जिस चरम पर पहुँचता है वह अपने भीतर के यूरोप को बार-बार मार डालने और फिर भी पूरी तरह न मार पाने के अहसास का विमर्श है जो निबंधों में तर्क करता है तो कथाओं में रूपकों और अन्योक्तियों का निर्माण करता है। आप चाह कर भी न नया दिल लगा सकते हैं न दिमाग, जो यूरोप से एकदम पृथक्, असंपृक्त और अछूता हो। और जितने आप अपने ऑपरेशन में असफल होते हैं उतने ही ऑपरेशन की ठानते हैं। निर्मल ऐसे ही सर्जन बनते हैं। जो अपनी परिणति जानता है। हाय ! कैसी तो व्यथा है जो भारतीयता—एक पूर्वता, परिशुद्ध भारतीयता—के

'असंभव' निर्माण की कोशिश में मिलती है !

निर्मल की रचना का सम्मोहन और आकर्षण दरअसल उनकी भारतीयता की इसी सतत पूर्वता; यूरोप से असंपृक्त और पृथक् एक सौटंक भारतीय हो सकने की पूर्वता; विजित होने और फिर विजेता को अपने से बाहर निकालने की वक्री दुर्धर्षता और न निकाल पाने की हालत में मजबूरी को छिपाने की विषादमयता; फलतः स्मृति की अटूटता, परंपरा की पूर्वता और काल की अविरलता और अंततः आत्म की मृत्यु का आवाहन और फिर किसी अननुमेय क्षण की प्रतीक्षा के फलस्वरूप पैदा होने वाली ऐसी नई छलना का क्षण है जिसमें एक चमत्कारी चौंध है जो पाठकर्ता को आविष्ट करती है। निर्मल की जिस कलात्मक शक्ति की बात की जाती है और जिस भाषा को काव्यात्मक या भावात्मक आदि कहा जाता है वह उनके इस 'वक्री आत्मसंघर्ष' से पैदा होती है जो अन्य किसी के पास नहीं दिखती। उनका भारत ऐसा भारत है जो लगातार डाइलिसिस पर है ताकि वह यूरोपीय संक्रमण से शुद्ध हो जाए। उनका यह विकट संघर्ष ही उनकी जिजीविषा है, यूटोपिया है जो अन्य यूटोपियाओं की मृत्यु के बाद भी/ही बचा हुआ है। यह मृत्यृ से आगे जाने की बात है। एक को मारकर दूसरे आत्म को जिलाने की कोशिश है, यह भयानक ढंग से एक मौलिक कर्म है। मृत्यु का रूपक यहाँ एक रणनीति है यूरोप के आत्म को मारने का।

निर्मल के यहाँ उभय-आत्म रहते हैं। एक यूरोपीय है जिसे मारना है दूसरा भारतीय जिसे जिलाना-बचाना है। समस्या यह है कि एक को मारने से दूसरा नहीं बचता। दोनों दो सौ साल से जनक-जन्य रहे हैं। भ्रूण कोख-हंता होकर स्वयं कैसे जिए ? 'आत्मज' पिता को रक्त से निकालकर कैसे जिए ? यही निर्मल में बार-बार लौटता पिता और उसका पितृपक्ष है। इसीलिए निर्मल 'भारत भारती' की आर्त पुकार और आत्मगौरव से बहुत अलग किस्म की यातना से गुजरते हैं। उनमें 'भारत भारती' जैसा आर्तनाद नहीं है न उनमें अज्ञेय जैसा मौन और शालीन कुलीनता की धज है। उनमें एक नास्तिक की आस्तिक किस्म की छटपटाहट है। उनमें एक आधुनिक यूरोपीय दिमाग का झगड़ा और रणनीति है। वे यूरोप को यूरोप के वार से ही निपटाना चाहते हैं लेकिन उनके वृत्तांत बार-बार सूर की गोपियों की तरह कहते हैं :

उर में माखन चोर गडे !
अब कैसे हूँ निकसत नाहीं तिरछे व्है जु अडे !
उर में माखन चोर गडे !

तो क्या निर्मल की दबी हुई टैक्स्ट यूरोप के प्रति घनघोर अनुराग की टैक्स्ट नहीं है ? अनुराग जो उनके रूपकों और व्यंजकों ने दबाया हुआ है ? शायद हाँ !

सूर ने कृष्ण के प्रति गोपियों के इस अनुराग को खूब कहा है। अगर कृष्ण की जगह ख्रीष्ट या यूरोप को रख दें और निर्मल को गोपियों के पद में पढ़ें तो हमें एक गीत भीतर दबा हुआ मिलेगा जिसमें उनके उर में माखनचोर गड़े होंगे और वे गोपियों की भाँति गाते-रोते मिलेंगे कि तिरछे हुए वे अब निकल नहीं रहे हैं। यूरोप उनके दिल में तिरछा गड़ा है। समस्या यह है कि उनका यूरोपीय आत्म उन्हें गोपियों जैसा भावुक और निरीह नहीं होने देता। गोपियाँ भी यही कहती हैं कि अब प्राण जा रहे हैं। एक बार 'मुख आन दिखावहु'। वही यूरोप वही क्षण निर्मल को भी चाहिए यानी एक बार फिर मुख दिखाओ ! वरना इतना यूरोप इतना अर्बन, मेट्रोपॉलिटन कथा-संसार निर्मल का न होता जितना कि है। उनकी सब-टैक्स्ट में एक छलिया, लुटेरा और इसीलिए प्यारा-सा यूरोप रहता ही है जिसे वे कभी नहीं निकालना चाहते। पूरा निकाल देंगे तो झगड़ा किससे करेंगे ? हम जब भी उनकी कहानियों में जाते हैं उनके यूरोपीय चिह्न ही सर्वाधिक उपलब्ध होते हैं। वे इन चिह्नों से ही एक पोर्टेबिल यूरोप बनाते हैं। हर कहीं, हर जगह ताकि उससे निपट सकें। उनींदे चरित्र, उदासियाँ, मौसमों के प्रति तीखी नजर, वक्त के प्रति तीखी प्रतिक्रिया और जन्म-मरण के, अस्तित्व के बुनियादी सवाल और फिर प्रायः मृत्यु/जीवन की प्रतीक्षा जो विरह रहित है और भावुकता का निरास है—निर्मल के वे कलात्मक उद्यम हैं जिन्हें निर्मल बार-बार आजमाते हैं। हम उनमें एक साथ एक नीत्शे, कीर्केगार्द, हेडेगर, काफ्का, कामू एवं मार्सल प्रूस्त के स्वरों की सिंफनी को लगातार सुन सकते हैं जो उन्होंने अपने यूरोप से झगड़ने की प्रक्रिया में बनाई है। हिंदी छोड़िए किसी भारतीय भाषा में भी क्या किसी ने पिछले पचास साल में ऐसा 'आत्म-संघर्ष' किया है ? वे एक ग्लोबल फार्म के कथाकार हैं। एकदम

मेट्रोपॉलिटन क्योंकि उसी से उनका झगड़ा है। वही उनका एक मात्र 'अन्य' है। जिससे झगड़ा है उसे उन्होंने अपनी कथा और अपने निबंधों के आँगन में कुटी छवाकर रखा है। उनके स्वभाव को उनका शत्रु धोता रहता है। उन्हें हमेशा एक 'यूरोप' जरूरी है।

दीपेश कहते हैं कि यूरोप के प्रांतीयकरण का अर्थ है :

> आधुनिक को कंटैस्टैड समझना, नागरिकता के विशिष्ट और प्रदत्त वृत्तांतों के ऊपर ऐसे मानवीय संबंधों के वृत्तांत लिखना जो कल्पित अतीतों और भविष्यों से अपनी क्षमता का अर्जन करें, जहाँ बनने वाले समूह न तो नागरिकता के कर्मकांड से और न आधुनिकता की परंपरा के दुःस्वप्नों से परिचालित हों। ऐसी कोई तयशुदा जगह नहीं है जहाँ ऐसे सपने रह सकें। फिर भी सपने तब तक आते रहेंगे जब तक नागरिकता और राष्ट्रराज्य की थीमें हमारे ऐतिहासिक संक्रमण के वृत्तांतों पर हावी रहेंगी। अपने अस्तित्व को बनाए रखने के लिए ही आधुनिकता हमारे इन्हीं स्वप्नों का दलन करती है। (पृ. 388, वही)

निर्मल उस जगह एक गहन उत्तर-औपनिवेशिक विमर्श बनाते हैं जहाँ भारतीय संरचनाएँ हाशियाकृत कर दी गई हैं। यही उनकी गुंजलक भी नजर आती है। ज्यों-ज्यों वे 'सुरझना' चाहते हैं त्यों-त्यों 'उरझते' जाते हैं क्योंकि जिससे उनका झगड़ा है वह उसी के ढाँचे और विमर्श में है। आधुनिकता से झगड़ा आधुनिकता के भीतर ही है। यह शायद भारतीय किस्म की उत्तर-आधुनिकता है जिसे निर्मल एक क्षण के लिए बनाते हैं और भारतीयता का दावा बार-बार पेश करते हैं लेकिन जैसे ही वे उसे समग्र करते हैं वे आधुनिकता के भीतर गिर जाते हैं। बार-बार छूटने और बार-बार गिरने की पीड़ा उनकी स्थायी किंतु मौलिक पीड़ा है। जैसा कि दीपेश ने कहा है कि यूरोप को न जीत पाने की हताशा एक निराशा की राजनीति का निर्माण करती है (पृ. 388, वही) निर्मल निराशा की राजनीति बनाते हैं। वे जो भारत बनाते हैं, वह कहीं ठहरा हुआ, अविच्छिन्न भारत है, जो अंग्रेजों के आने से पहले कहीं था। और जिसे किसी चमत्कार से पूर्व रूप में जैसे का तैसा प्राप्त किया जा सकता

है। निर्मल की रचना इन दो सौ साल के पार भटक रहे उस क्षण को पकड़ना चाहती है, उस खो चुके पूर्व-आधुनिक भारतीय पल को एक आकुल श्रम से स्थिर करना चाहती है। वे 'पुनरुत्थान' को यों ही 'प्यारा शब्द' नहीं कहते !

निर्मल : पवित्र परिवेश का निर्माण

'यदि मैं स्वयं को पेगन हिंदू-बोध के नजदीक पाता हूँ तो ऐसा कहकर मैं इस्लाम या ईसाइयत को छोटा नहीं करता। मैं उन संस्कारों या लक्षणों को पुनर्परिभाषित करना चाहता हूँ जो जन्म से ही मेरे साथ हैं...मेरे हिंदू-बोध को भाजपा के हिंदू-बोध में कैद नहीं किया जा सकता। भाजपा के हिंदूवाद का पाठ ठीक वह नहीं है जिसमें मैं यकीन करता हूँ।'

(हिंदुस्तान टाइम्स में निर्मल वर्मा, 20.3.2000)

'ढलान से उतरते हुए' किताब का एक लेख इस मामले में निर्मल के भारतीयता के निर्माण करने वाले विचारों का लगभग समग्र प्रस्ताव-सा लगता है जिसे किंचित् विस्तार से उद्धृत किया जाना चाहिए। यह इसलिए भी जरूरी है कि उनके सपने यहीं बनते हैं। इस भारत में वे जो चाहते हैं उसकी एक सांकेतिक तस्वीर यहाँ बार-बार बनाई गई है।

लेख आत्मकथन की तर्ज पर चलता है इसलिए उसमें अपने ढंग की जिद और उत्ताप है जो निर्मल के अन्य निबंधों की आवेगहीनता के ठीक विपरीत नजर आता है। 'शताब्दी के ढलते वर्षों में' नामक इस लेख के विचार-क्रम को इस प्रकार रखा जा सकता है जिसे निर्मल के एकमुश्त परिप्रेक्ष्य और एजेंडे की तरह पढ़ा जा सकता है :

> 1. 'हजारों साल पुरानी भारतीय संस्कृति को एक ऐसी संहारी ध्वंसात्मक लोलुप सभ्यता का सामना करना पड़ा है जो प्रगति और पश्चिमीकरण के नाम पर भारत की परंपरागत दृष्टि को नष्ट कर रही थी।...धर्म और समाज के छद्म, आधुनिकीकरण और ईसाई धर्म के प्रति एक बचकाने सम्मोहन के आगे सिर्फ एक रामकृष्ण परमहंस, बंकिम चटर्जी, विवेकानंद, हिंदी भाषी क्षेत्र में भारतेन्दु, ये कुछ साहित्यकार और उत्तरी भारत में दयानंद सरस्वती। लेकिन इने-गिने अपवादों को छोड़कर हिन्दू-मुसलमानों का समूचा एलिट वर्ग पश्चिम की आधुनिकता और ईसाई धर्म की तथाकथित उन्मुक्तता के आगे घुटने टेके बैठा था। ...भारत के संकट की यह शुरुआत थी।'...(पृ. 66, वही)
>
> 2. 'यह शायद विडंबना ही है कि मैं एक विदेशी सभ्यता के लिए लगाव महसूस करूँ जिसने स्वयं पिछले दो सौ वर्षों से मेरी संस्कृति की लय और रौ को इतनी बुरी तरह विकृत किया है। मैं इस विडंबना को तब तक नहीं सुलझा सकता जब तक कि मैं पश्चिमी सभ्यता में संकट के संदर्भ में स्वयं भारतीय संस्कृति से जो मेरा संबंध रहा है उसे पुनर्परिभाषित करने का प्रयास और साहस न करूँ।... भारत की नियति के बारे में लगाव इसलिए नहीं है कि मैं भारतीय हूँ बल्कि सिर्फ इसलिए है कि मैं एक ऐसे पृथ्वी के खंड का निवासी हूँ जहाँ संयोग से मेरा जन्म हुआ है। मुझे लगता है कमोबेश हर भारतीय के भीतर आवास के साथ जुड़ा हुआ कर्मकांड और मिथक-संसार बहुत प्रमुख भूमिका अदा करता है...हमारी मनीषा में

यदि इतिहास के बोध का अभाव है तो इसलिए नहीं कि हम अतीत और वर्तमान में होने वाले परिवर्तनों के प्रति कम सजग या संवेदनशील थे बल्कि इसलिए कि हम एक ऐसी सभ्यता में जीवित रहते हैं जहाँ अतीत और वर्तमान अलग-अलग स्वायत्त खंडों में विभाजित नहीं है जैसा कि एक यूरोपीय निवासी अपने भीतर महसूस करता है।' (पृ. 67)

3. 'पश्चिम ने जब मेरे लिए एक अतीत की खोज की उसी क्षण मैंने उसे अपने वर्तमान में उन्मूलित किया क्योंकि मेरी सहज चेतना में पश्चिम के हस्तक्षेप से पहले इस तरह का कोई विभाजन मौजूद नहीं था। एक बार अपने अतीत से विलगित हो जाने पर मैं धीरे-धीरे अपनी उस समूची थाती से अलग हो गया जिसके बीच में मैं जीता था, मरता था, साँस लेता था और अपने जीवन का अर्थ ढूँढ़ता था। मैं खुद अपनी संस्कृति के बीच अपने को एक अजनबी-सा पाने लगा...हमारी संस्कृति में पश्चिम का हस्तक्षेप इतिहास का हस्तक्षेप था जिसके परिणामस्वरूप एक भारतीय के भीतर एक अजीब उन्मूलन-बोध और वीरानी की व्यथा उत्पन्न हुई किंतु वीरानी का यह भाव एलियट की उस वेस्टलैंड भावना से बहुत अलग है जो उन्होंने अपनी सभ्यता के खंडहरों के सामने महसूस किया था क्योंकि इतिहास ने मेरी सभ्यता को उतना जर्जरित नहीं किया जितना स्वयं मुझे भीतर से नष्ट किया...अपने भीतर ही मैंने उस संलग्नता के सर्वव्यापी बोध को खो दिया जो आज तक मुझे अपने समय, अपने परिवेश और अपनी संस्कृति से जोड़े था। (पृ. 69)

4. हमारी आत्मा में गहरी दरार खिंच जाती है जिसने आज भारतीय यथार्थ को दो पहलुओं में खंडित कर दिया है। जीवन का व्यवहार जिसका समग्रता से कोई संबंध नहीं और आध्यात्मिक समग्रता का भाव जिसका हमारे दैनिक

कार्यकलाप से कोई लेना-देना नहीं। (पृ. 70)

5. ठीक इसी बिंदु पर वह पीड़ा और विडंबना उत्पन्न होती है जो एक भारतीय होने के नाते मैं अपने देश और संस्कृति के प्रति महसूस करता हूँ। मेरे व्यक्तित्व का जो सबसे मूल्यवान और महत्त्वपूर्ण अंश है, उसी से मैं अपने को विच्छिन्न पाता हूँ जबकि दूसरी तरफ मुझे एक ऐसी राष्ट्रीय और भौगोलिक अस्मिता के साथ प्रतिबद्ध होना पड़ता है जिससे मेरा कोई आध्यात्मिक और सांस्कृतिक लगाव नहीं है। आखिर राज्य-व्यवस्था के ढाँचे, संसद, राष्ट्रीय ध्वज के प्रति मेरा लगाव सिर्फ बहुत सतही और ऊपरी हो सकता है क्योंकि व्यवस्था के इन प्रतीकों ने न मुझे सुरक्षा प्रदान की है न ही मुझे अवसर दिया है कि मैं अपने मानस को उनके ऐतिहासिक महत्त्व से जोड़ सकूँ...समूचे बिखराव और अंतर्विरोध के बावजूद मैं कभी अपने को निपट आत्म-शून्य में नहीं पाता।' (पृ. 71)

6. 'एक यूरोपवासी की आत्म-चेतना...हमेशा दूसरों के विरुद्ध होकर ही अपने को प्रतिष्ठित कर सकती है...इसके बिलकुल विपरीत भारतीय चेतना दूसरों के विरुद्ध नहीं दूसरों के साथ ऐसे अनुष्ठानों, मिथकों, प्रतीकों और विश्वासों के माध्यम से जुड़ी है जिसे वह समाज के अन्य लोगों के साथ एक स्मृति के द्वारा साझा करता है। समाज के लोगों की यह सामान्य स्मृति हर व्यक्ति के आत्मन/सैल्फ की सीमाओं को बढ़ा देती है। इसलिए एक यूरोपियन का अहम् एक भारतीय के सैल्फ से बहुत अलग है उसमें दूसरे के प्रति विरोध नहीं बल्कि दूसरे ही उसके अस्तित्व उसके 'मैं' में शामिल हैं।' (पृ. 71-72)

8. 'किंतु यदि यह सत्य है तो मुझे अपनी संस्कृति के प्रति पूरा लगाव क्यों नहीं हो पाता ? इस लगाव के रास्ते में वह पीड़ा और विडंबना क्यों पैदा होती है जिसका जिक्र मैंने ऊपर किया है ? क्यों मुझे ऐसा लगता है कि मैं

अपनी संस्कृति से जुड़ा भी हूँ और उससे बहुत दूर छिटक भी गया हूँ ? शायद इस प्रश्न का उत्तर एक आधुनिक भारतीय की मनीषा में होने वाले संकट को ठीक-ठीक रेखांकित कर सकेगा। जब मैं इस प्रश्न का उत्तर ढूँढ़ता हूँ तो एक बात मुझे उल्लेखनीय जान पड़ती है और वह यह कि आज की दुनिया में भारतीय समाज ही एक ऐसा समाज है जिसकी परंपरा के समस्त तत्त्व आज भी मौजूद हैं, लोगों को उपलब्ध हैं और न केवल उपलब्ध हैं बल्कि जीवन से लेकर मृत्यु तक किसी-न-किसी रूप में हर भारतीय अपने दैनिक व्यवहार में इन तत्त्वों द्वारा अनुप्राणित होता है। वे सब धागे जिनसे परंपरागत तत्त्वों का जाला बनता है जो मुझे भारतीय यथार्थ से जोड़ते हैं आज भी विद्यमान हैं किंतु इन धागों से मेरे जीवन का समूचा नहीं जुड़ पाता। वे अपने स्वायत्त अलगाव में जीते हैं मैं अपने अकेलेपन में।' (पृ. 72)

9. 'एक भारतीय की परंपरा कहीं बाहर नहीं उसके भीतर रहती है इसलिए सजग रूप से उससे जोड़ने का प्रश्न ही नहीं उत्पन्न होता।' (पृ. 72)

10. 'पिछले वर्षों में हमारे देश में अंधाधुंध औद्योगिक प्रगति के नाम पर जो तहस- नहस हुई है उसने भारतीय के भीतर इस विशृंखलित भावना को और भी अधिक भयानक बना दिया है।...आधुनिक भारतीय की मानसिक पीड़ा का यह मूल कारण है कि, जबकि परंपरागत जीवन के सब रीति-रिवाज, अनुष्ठान और मिथक मौजूद हैं फिर भी आज के औद्योगिक परिवेश में हम उनके साथ एक जीवंत और जीवनदायी संबंध स्थापित नहीं कर पाते।... यह सारी प्रक्रिया एक स्वप्न सरीखी अवस्था में चलती है जहाँ न पूरा अँधेरा है न पूरी रौशनी, बल्कि इतिहास की ऐसी धुँधली कुहेलिका है जिसमें न पूरा सत्य दिखाई देता है न पूरा झूठ। लगता है जैसे हम परंपरा और आधुनिकता

के हाशिए पर जी रहे हैं। न एक में हमारा घर है न दूसरे में हमारी सुरक्षा।' (पृ. 72-73)

11. 'यह खाई जो मेरी व्यक्तिगत चेतना में है वही मेरे सामाजिक जीवन को बीचोबीच से विभाजित करती है। एक तरफ आधुनिक समाज-व्यवस्था है, विज्ञान और राजनीति के सिद्धांतों द्वारा अनुशासित; और दूसरी ओर है मेरी संस्कृति की संपदा, जिसमें पीढ़ी-दर-पीढ़ी चली आई लोगों की स्मृति, संस्कार, धर्म, मर्यादा छिपी है, किंतु दोनों को जोड़ने वाला एक संपूर्ण अनुभव का यथार्थ अनुपस्थित है।' (पृ. 74)

12. 'इतिहास की अनेक विपदाओं और विसंगतियों के बावजूद भारतीय संस्कृति के वे उपादान और प्रतीक, मूल्य और मर्यादाएँ कायम हैं जिनकी ओट में एक विशिष्ट जीवन-पद्धति की लौ जलती रहती है। हमारे अपराधों ने इस लौ को बहुत मलिन और मद्धिम कर दिया है किंतु वह दूसरे देशों की तरह इतनी मद्धिम नहीं हुई जहाँ सभ्यता के नाम पर हीरोशिमा का विध्वंस किया गया हो और समाजवाद के नाम पर लेबर कैंपों में लाखों आदमियों की आहुति चढ़ाई गई हो। भारतीय संस्कृति में आज भी समस्त विकृतियों के बावजूद वे तत्त्व मौजूद हैं जिनके रहते मनुष्य को इतनी स्पर्धा और अहंकेंद्रित अभिमान कभी नहीं हुआ कि प्रगति की लालसा में वह उस सृष्टि का ही संहार कर दे जिसमें मनुष्य ने न केवल दूसरे प्राणियों से बल्कि अपने भौगोलिक परिवेश से नाता जोड़ा है...किंतु इससे बड़ी आत्म-छलना नहीं होगी यदि हम भारतीय संस्कृति के इन तत्त्वों को शाश्वत मानकर हाथ पर हाथ धरे बैठे रहें।' (पृ. 75)

13. 'कविता बागीचे को नष्ट होने से नहीं बचा सकती किंतु फिर भी वह अज्ञात और रहस्यमय ढंग से बाग के पेड़ों, झाड़ियों और पक्षियों से जुड़ी है—जीवन का दुर्लभ

और नाजुक स्वप्न—जो बागीचे के नष्ट हो जाने पर हमेशा के लिए नष्ट हो जाएगा। मेरे लिए दोनों ही वास्तविक हैं। दोनों को ही बचाना जरूरी है।' (पृ. 79)

14. 'किंतु यह तभी संभव है जब हम अपने खोए हुए घर और लुटे हुए परिवेश को फिर से अपना बना सकें। एक पवित्र परिवेश जिसमें भारतीय अनुभव विभिन्न और बहुस्तरीय यथार्थों द्वारा अभिव्यक्त हो सके। जहाँ कोई यथार्थ एक-दूसरे का निषेध नहीं करता। (पृ. 79)

उक्त दीर्घ उद्धरणों को उक्त क्रम इस लेखक ने दिया है ताकि निर्मल के लेख के 'एजेंडे' को एक सीध में रखा जा सके और हम निर्मल के विकल्पात्मक विमर्श के बारे में प्रामाणिक ढंग से और उन्हीं की कलम से जान सकें। उद्धृतांशों में जो क्रम-व्यवस्था है वह इस लेखक का पाठ है फिर भी उन्हें मनमाफिक 'बनाया' नहीं गया है। अपने उक्त लेख में निर्मल दो बातें पैदा करते हैं। पहली बात कि वे भारतीय की व्याख्या किसी पंडे की तरह नहीं करना चाहते। वे उसे पूज्य मानते हैं, पवित्र मानते हैं लेकिन वहीं के होकर नहीं रहना चाहते। वे उसे एक बार फिर अर्जित करना चाहते हैं। अर्जित करना उन्हें एक आलोचनात्मक कीमिया को खोजने की ओर प्रेरित करता है और वे अंततः अपने 'पवित्र परिवेश' को बचाने की बात पर आते हैं। दूसरी बात वे यह पैदा करते हैं कि वे संस्कृति/कविता/ के पवित्र जगत् से संस्कृति/प्रकृति को बचाना चाहते हैं। वे अपने कुशल विमर्श में इस बात का खयाल बराबर रखते हैं कि कहीं भारतीय संस्कृति की पूर्वजता के बारे में अतिकथन न हो जाए इसीलिए वे बराबर कहते हैं कि सब कुछ अभी नष्ट नहीं हुआ है। वे जानते हैं कि यदि सब कुछ नष्ट हुआ मान लेंगे तो वे स्वयं आलोचना के लिए जगह कहाँ से बना पाएँगे ?

उक्त भूमिका में आइए निर्मल के कथित आदर्श 'पवित्र परिवेश' की चर्चा करें जिसे वे हर कीमत पर बचाने को कहते हैं : 'पवित्र परिवेश' का उदाहरण देने के लिए वे कान्हा के अभयारण्य का एक उदाहरण देते हैं। वे अभयारण्य में एक हाथी पर घूमने निकले हैं। उनके

साथ गोंड युवक महावत है। सामने अचानक एक शेर दिखाई देता है :

'कुछ दूर चलने के बाद बाँसों के सघन झुरमुट के आगे अचानक हमारा हाथी ठिठक गया और छह-सात फीट के फासले पर मेरी निगाहें धूप में झिलमिलाती एक लंबी पीली पसरी जान पर अटक गईं। शेर से यह मेरा पहला वास्ता था—जू से बाहर—अपने प्राकृतिक परिवेश में। वह लंबी घास के बीच बैठा चुपचाप अपने नाश्ते में निमग्न था, शायद सुबह की घड़ियों में उसने एक जंगली सुअर का शिकार किया था जिसका कंकाल उसके पंजों में दिखाई दे रहा था। चारों तरफ एक अद्भुत सन्नाटा था। कभी-कभी पेड़ों से लंगूरों की चीखें या झाड़ियों से उड़ने की फड़फड़ाहट सुनाई दे जाती थी। सहसा शेर ने सिर उठाया और हमारी ओर देखा—एक लंबी और निस्तब्ध निगाह—जिसमें हाथी, गोंड युवक और मैं सब समा गए थे। वह निगाह शायद एक क्षण से ज्यादा नहीं थी किंतु मेरे लिए वह एक शाश्वत क्षण था। फिर उसने अपना सिर झुका लिया और हमारी ओर से निपट उदासीन होकर अपने आहार में जुट गया। उस क्षण मुझे जो अनुभव हुआ उसे व्यक्त कर पाना बहुत कठिन है, मैं सिर्फ इतना कह सकता हूँ कि मेरे लिए वह एक संपूर्ण निर्भयता का अनुभव था—महज भय का अभाव नहीं—बल्कि संपूर्णता का अलौकिक बोध जिसमें मैं उस पशु से संबंधित था, जो मेरे नीचे था, मेरे सामने था और सबसे बड़ी बात यह कि पहली बार मैं उस पशु से भी संबंधित हो पाया जो हमेशा से मेरे भीतर था और जिससे मैं आज तक छिपता आ रहा था। पहली बार मुझे मनुष्य होने का चमत्कारिक अनुभव हुआ और यह अनुभव उन मानववादियों के अहंकार से बहुत अलग था जो मनुष्य को सृष्टि के केंद्र में रखते हैं और उसे सब चीजों का मापदंड मानते हैं। इसके विपरीत उस क्षण मुझे लगा जैसे मैं जंगल के अन्य वन्य-प्राणियों के बीच मनुष्य हूँ किसी से बड़ा-छोटा नहीं बल्कि सबके

> साथ उस परिवेश में साँझा करता हुआ, जिसमें शेर अपने खाने में मस्त है, हाथी शांत भाव से खड़ा है। गोंड युवक बीड़ी पी रहा है और सारा जंगल धूप में झिलमिला रहा है। यह परिवेश पवित्र था क्योंकि इसमें सब समवेत रूप में साँझा कर रहे थे और वे ऐसा कर रहे थे क्योंकि इनमें से हर कोई अपनी जड़ों से जुड़ा था। किसी में आत्म-उन्मूलित होने का अनाथ भाव नहीं था। एक शांत, पवित्र और अहिंसात्मक परिवेश जिसमें जंगली सुअर की मृत्यु उस लैंडस्केप का उतना ही अभिन्न अंग जान पड़ती थी जितनी वह प्राणवत्ता जो शेर की धमनियों से जुड़ी थी।' (पृ. 80-81)

इस क्रम में दूसरा अनुभव कुंभ के मेले का है जिसमें किसी साधु का कहना था कि अगर ईश्वर को पाना चाहता है तो प्रवाह के साथ हो जा। इसके बाद स्वाभाविक रूप से निर्मल गांधी जी के पास जाते हैं :

> 'मैंने जो कुछ कान्हा और कुंभ में देखा था—वह केवल बाहरी और प्रत्यक्ष दृश्य था। उसे देखकर सहसा मुझे उस पवित्रता का और समग्रता का बोध हुआ जो उस संस्कृति का अंतर्निहित मर्म है। गांधीजी ने दोनों को—प्रत्यक्ष को अप्रत्यक्ष से, दृश्य को अदृश्य से, बाह्य को अंतर से जोड़कर भारतीय अनुभव को पूरी समग्रता से जीने का प्रयास किया था।' (पृ. 82)

जरा इन अनुभवों को या कहें अनुभव की इस समग्रता का विखंडन करें : इस क्रम में हम दृश्य के दो व्यंजकों को खोलें और उनके क्रम को देखें। कान्हा का जंगल, शेर और सूअर प्रकृति है। मैं, गोंड महावत और हाथी संस्कृति है क्योंकि मनुष्य ने उन्हें अनुकूलित किया है। लेकिन देखें तो शेर को भी अनुकूलित किया हुआ है जो कि निर्मल छिपाते हैं यानी निर्मल के समग्रतावादी व्यंजक छिपाते हैं। कान्हा का अभयारण्य भी एक योजना है जिसमें जंगल रखना है और शेर रखना है यानी वह भी मनुष्याक्रांत स्थिति है नैसर्गिक नहीं। निसर्ग तभी तक है जब तक मनुष्य नहीं पहुँचता और जब वह पहुँचता है और उसे भाषा

देता है तो न चाहते हुए भी निसर्ग मनुष्याक्रांत हो जाता है। तो निर्मल का हाथी किराए पर लेना, गोंड का महावत होना और शेर का शिकार मूलतः आधुनिक अनैसर्गिक क्रियाएँ हैं जिनमें वैसा अनुभव हो नहीं सकता जैसा कहा जा रहा है। दरअसल अनुभव होना ही निसर्ग का अशुद्ध हो उठना है। यह अनुभव भी एक निर्माण है जो किया जा रहा है और निर्माण होते ही निसर्ग नहीं रहता। लेकिन 'पवित्र परिवेश' निर्मल के लिए ऐसा निसर्ग है जहाँ सब कुछ प्राकृतिक है, मनुष्य का हस्तक्षेप नहीं है जहाँ वह केंद्र में नहीं है, निर्णायक नहीं है। लेकिन देखें तो निर्णायक मनुष्य ही है। न सरकार होती न कान्हा का पार्क होता, न पैसा होता न हाथी होता, न महावत होता न सैलानी आते, न निर्मल जी जाते और देखते कि शेर ने शिकार किया है। आप दृश्य को थोड़ा-सा निर्मलीय ढाँचे के क्रम से बाहर निकालकर दबे हुए आशयों के साथ पढ़िए तो ज्ञात होगा कि निर्मल जिसे पवित्र परिवेश कह रहे हैं वह शेर की नजर से कह रहे हैं क्योंकि जो मारा गया उस सुअर की मजबूरी और शिकार बनने की नियति के प्रति कोई भी नैतिक टिप्पणी यहाँ नहीं है, जबकि गांधी के लिए शेर का शिकार सुअर करुणा का पात्र अवश्य होता। शेर की धमनियों में जो स्पंदित प्राणवत्ता है वह सुअर के गोश्त पर टिकी है। यानी यहाँ भी 'सर्वाइवल ऑफ द फिटेस्ट' है। सुअर ने शेर को नहीं मारा है। शेर ने ही सुअर को यहाँ मारा है जबकि कान्हा भारत में है पश्चिम में नहीं है जहाँ प्रकृति प्रायः कुछ अलग गिनाई-बताई जाती है ! प्रकृति यहाँ की हो या वहाँ की, एक जैसी ही है। शेर हर जगह सुअर का शिकार करता है, सुअर नहीं करता ! यह प्रकृति है जो सार्वभौमिक है। समग्र है। प्रकृति के जितने निकट आप हैं उतने ही समग्र अनुभव से गुजरते हैं। ऐसा निर्मल मानते हैं। लेकिन जो सुअर 'प्रकृत' नहीं रहती। इस अनुभव से गुजरा उसे कौन कह सकता है सिवा मृत सुअर के जबकि उसका मरना भी प्रकृति है। और वह कभी कह नहीं सकता मरने के बाद ! यदि आपने सुअर बचाने की कोशिश की तो आप तभी बचा सकेंगे जब आत्म-उन्मूलित 'पश्चिमी' होंगे। निर्मल सौ फीसदी उस प्रकृत अवस्था को समग्रता मानते हैं जो 'मानने' के बाद 'प्रकृत' नहीं रहती। जिस समग्रता में वे पवित्रता का आवास मानते हैं वह जंगल-न्याय ही तो है। समग्रता

चाहिए तो जंगल-न्याय ही चाहिए। अंग्रेजों ने यहाँ आकर जंगल-न्याय ही तो किया था कि ताकत के बल पर काबिज हो गए थे। तब भारत सुअर था और अंग्रेज बहादुर शेर थे। उससे पहले के नैसर्गिक क्षणों में जंगल का न्याय ही चलता होगा।

दरअसल निर्मल एक अनावृत्त निसर्ग की तलाश में हैं। परम पूज्य अनुभव के निसर्ग की तलाश में। 'बाह्य और आंतरिक' की बाइनरी का लोप हो तो निसर्ग मिले। निसर्ग संपूर्ण है। आदमी अधूरा है।

क्या यह हमें रोमांटिकों या पैगनिस्टों की याद नहीं दिलाता जो औद्योगिकीकरण की भीषण प्रक्रिया को देख प्रकृति और निसर्ग की रक्षा में प्रतिक्रिया करते थे ? क्या यह एडवर्ड सईद के ओरिएंटलिज्म का ओरिएंट ही नहीं है जिसे निर्मल अपने ढंग से खोजते हैं ?

अनुभव की समग्रता के लिए गहरी छटपटाहट—शेर का एक पल को देखना—ही निर्मल के संशय और हकलाहटों को जन्म देती है जहाँ वे अनुभव के अनिश्चय को अनिश्चय और विस्मय से देखते हैं। अपूर्ण कथन और दो तनाव भरे क्षणों के बीच किसी अकथित अनुभव को ढूँढ़ना और किसी अनूठी उपमा से उसे इशारे में कहना; बनैलेपन, भुतैलेपन, कुहासे, अँधेरे और उजाले के बीच के झुटपुटे आदि का बार-बार निर्माण इसी समग्रता की तलाश है। दरअसल निर्मल वृत्तांत में अनुभव का इतना आग्रह करते हैं कि उपमानों और रूपकों के बिना वे काम नहीं चला सकते। उनके अपने अलंकार हैं जो बताते हैं कि वे अनुभव की विकल तलाश का परिणाम हैं जिनसे उनके गद्य में वह बात पैदा होती है जो भाषा को सुर में बाँधती है। यह सुर चूँकि खो गए और खो रहे निसर्ग के अपराधबोध का और तज्जन्य आत्मग्लानि का और उससे भी पैदा होने वाली असाध्य पीड़ा का होता है इसलिए वह अपील करता है; जबर्दस्त और विपरीत पाठक बनाता है। यह एक विषम और विष्ण्ण संचार है। वे प्रायः उन भावों और भावनाओं के आलंबनों को जुटाते हैं जहाँ वे अनुभव के निसर्ग को पा सकें और आधुनिकता के रोलर से सुला दिए गए निसर्ग के 'असभ्य भावों' को जीवित कर सकें। यह आधुनिकता के विरुद्ध उनका अपना 'सब-वर्जन' है और यह इसलिए अपील करता है कि पढ़ने वाले को वे कुछ देर के लिए 'प्रकृत' बनाते हैं। जीवन-मृत्यु के सवाल अस्तित्व के काट खाने वाले सवाल

और अनुभव की क्षणिक और सतत फिसलन में फिसलते हुए को पकड़ने-कहने की जिद और उस जिद में एक अनिश्चित की 'निश्चिति' निर्मल की भाषा में ऐसा गुरुत्वाकर्षण भरती है जैसा प्रसाद की भाषा में खासकर 'कामायनी' में और उनके नाटकों में हमें मिलता है लेकिन प्रसाद की तरह वे भाव पर नहीं टिकते। वे बुद्धि को विकल करते हैं और सभ्यता को समस्याग्रस्त करते हैं। इस उपक्रम में ही वह कीमिया बनता है जिसे इतनी देर बाद एक शब्द 'उदात्तता' से कहा जा सकता है। निर्मल की कलानीति 'उदात्तता' की कलानीति है जो एक प्रकार की उत्तर-आधुनिक कलानीति है, जो उत्तर-औपनिवेशिक का 'प्रभामंडल' बनाती है। (द पोस्ट कॉलोनियल औरा, आरिफ द्रिलिक)।

वे हिंदी में उदात्त को लौटाते नहीं हैं, अपना नया बनाते हैं। वहाँ आपको एक निर्वेद मिलेगा। वे शिकार को खाते सुअर में भी ऐसा क्षण खोज लेंगे। लोग उन्हें समाज-बाह्य कहते रहें तो कहते रहें वे अपने उदात्त को बनाएँगे, निर्वेद को बनाएँगे। 'शांति' 'अजीब- सी शांति' निर्मल का प्रिय व्यंजक है। सन्नाटा उनका प्रिय व्यंजक है। ये व्यंजक निर्वेद पैदा करते हैं और 'भुतैलेपन' का स्पर्श उनके प्रभाव को उदात्त बनाता है। आधुनिक बाह्य, अतिस्पष्ट, अतिप्रकट और तर्क में आ सकने वाले जीवन के परे जो कुछ और बहुत कुछ बचा रह गया होता है उसे कथन में लाना वह व्यतिरेक है जिसे निर्मल संभव करते हैं। वे बार-बार मनुष्यत्व, समग्र मानवता के भाव पर जब भी लौटते हैं वे ऐसे आधुनिक क्षणों की ओर लौटते हैं जो उन्हें प्रकृत करते हैं। यानी सारी लड़ाई के बावजूद उनकी तलाश आधुनिकता के दोषों के समाहार की भी है। उनकी व्यथा उसे न कर पाने की है। कर पाने और न कर पाने के बीच निर्मल भाषा में शायद सबसे ज्यादा भटकते हैं।

शेर के प्रसंग में जरा उस दूसरे क्षण को देखिए जहाँ शेर ताकत का चिह्न नहीं बनाया जाता बल्कि प्रकृति की लीला का चिह्न बनाकर छोड़ दिया जाता है। निर्मल इसी तरह इतिहास से बैर-शोधन करते हैं। लेकिन क्या इतिहास उन्हें छोड़ देता है ? ताकत का इतिहास जो निर्मल के बाहर और अंदर हर तरफ हर कहीं फैला है और जो शेर के शिकार के बाद एक निमिष उनको देखने के बाद भी सक्रिय रहता है और शायद ज्यादा जोर से सक्रिय रहता है। वही 'सर्वाइवल ऑफ द फिटेस्ट'

का प्रकृत और नैसर्गिक सत्य जिसमें एक ताकतवर दूसरे कमजोर को खा रहा है। प्रगतिशील विमर्श में ही नहीं, गांधी के वैष्णव विमर्श में भी इस ताकत को और उससे अधिक इसके निर्मलीय सेलीब्रेशन को 'अनुचित' कहा जाना चाहिए। लेकिन निर्मल के यहाँ ऐसे तमाम भाव जो आधुनिकता की ताकत ने दबा दिए हैं, दफन कर दिए हैं बार-बार आएँगे ही। आप कुछ नहीं कर सकते क्योंकि उनके यहाँ प्रगतिशीलता भी आधुनिक विमर्श है जो 'प्रकृत' होने के विरुद्ध खड़ा है। इसलिए वे प्रकृत की ताकत को सेलीब्रेट करेंगे ही। ऐसा करके वे उसी पावर डिस्कोर्स को बनाते हैं जो आधुनिकता ने अपनी चरमता तक पहुँचाया है। शेर की ताकत सुअर को खाती ही है, ऐसा सीधे न कहकर भी और कहकर भी निर्मल उस ताकत के विमर्श की हामी भरते हैं जिसे पूर्व-आधुनिक वैष्णव भाव इतनी जल्दी ओके नहीं करेगा। यह निर्मल की अपनी आधुनिकता है।

ऐसे पढ़ते हुए क्या हम निर्मल में अपने नीत्शे को पढ़ते हैं ? क्या हम नीत्शे के निहित पावर डिस्कोर्स और उसकी अप्राप्यता की गहरी छटपटाहट निर्मल में नहीं देख सकते ? क्या हम निर्मल में ताकत का कोई आवाहन नहीं देख सकते जो दो सौ साल से कुचली जा रही संस्कृति के भीतर कराह की तरह होना ही चाहिए। निर्मल हमें बार-बार इस ताकत के केंद्र की ओर ले जाना चाहते हैं। बार-बार बार-बार। वे अथक हैं और उनकी जिद बहुत गहरी है जो किसी आपात स्थिति में नहीं बनी है। यह उनका स्थायी मन है। हमारी स्मृतियों में अंग्रेज और पश्चिम और यूरोप को लेकर जो कुछ घृणा/प्यार संचित होता रहता है जिसे यूरोपीय आधुनिकता ही बनाती-बिगाड़ती रहती है उसका सत्त है निर्मल में, जो अपील करता है और इसीलिए वे सम्मोहित करते हैं।

निर्मल के समग्र और निसर्गगत पवित्र परिवेश का एक पहलू शेर-सुअर का प्रसंग रहा तो दूसरा कुंभ का प्रसंग है। यदि हम इन दो घटनाओं में से कुंभ की घटना को निर्मल के यहाँ बार-बार तर्क की तरह आते-जाते देखते हैं तो कहा जाना चाहिए कि शेर के हिंसक सौंदर्य के संग कुंभ के भीतर मिलने वाली शांति और उसके लिए सक्रिय धर्म-बोध के जागरण में बाइनरी का वह पूरक छिपा है जिसे घोर नास्तिक इन दिनों में सिर्फ निर्मल कहते हैं जबकि वे धर्म के प्रकट रूप से बहुत दूर

बने रहते हैं। साहित्य में अध्यात्म की बात जो कुँवर नारायण और अशोक वाजपेयी आदि इन दिनों अधिक करते हैं लगभग वैसी ही चिंता या कहें उनसे ज्यादा जिद भरी खोज निर्मल करते हैं। इस प्रसंग में 'धर्म, धर्मतंत्र और राजनीति' नामक निबंध इन दिनों के लिए एक पठनीय निबंध है और प्रस्तुत विमर्श के लिए तो अनिवार्य ही है। 'ढलान से उतरते हुए' में संकलित यह निबंध-मनुष्य क्या है ? उसका अर्थ क्या है ? की जिज्ञासा से शुरू होता है और उसका उत्तर खोजते हुए निर्मल के धर्म-बोध का नक्शा बनाता है। कह दें कि इस मामले में निर्मल शुक्लजी के बाद अकेले लेखक हैं जो अपने धर्म के बारे में शर्मिंदा हुए बिना बात करते हैं यद्यपि वे शुक्लजी की तरह उसे सहज संदर्भ अभी नहीं बना पाते। वह लगभग स्वभाव की तरह शुक्लजी में आता है। निर्मलजी में एक अर्जित कर्म और प्रतितर्क की तरह। समकालीन साहित्य में निर्मल अकेले लेखक हैं जो अपने धर्म के विमर्श को बहुत दूर तक एक जरूरी रणनीति की तरह स्पष्ट करना चाहते हैं मानो जरूरी काम याद दिला रहे हों। यहाँ निर्मल के लिए मंदिर, गिरिजे, गुरुद्वारे सिर्फ कर्मकांड नहीं हैं उनके भी गहरे प्रतीकाशय हैं :

> 'मेरी भटकती हुई आत्मा किसी गिरजे, गुरुद्वारे, राजघाट के भीतर ही स्थिरता ग्रहण करती है।' (पृ. 88, वही)

निर्मल की चिंता है :

> 'हमारे धर्मतंत्र और लौकिक संसार के बीच जो इतनी गहरी खाई फैल गई है क्या इसे कभी पाटा नहीं जा सकता ? (वही)

राज्य सत्ता इस खाई को बनाती है।

> 'आधुनिक समाजों में मनुष्य हर कहीं दिखाई देता है लेकिन वह मौजूद कहीं पर नहीं है।' (पृ. 90, वही)

> 'इस दुनिया का मनुष्य संपूर्ण मनुष्य बनकर जिए यह वही कर सकता है जो मनुष्य को संपूर्ण और अंतिम रूप से स्वीकार करके चले। उसे माध्यम या साधन न माने।

धार्मिक-बोध यही करता है। धार्मिक-बोध उस शक्ति की 'धीमी आवाज' है जिसे हम ईश्वर कहते हैं। (पृ. 90, वही)

'ऐसी कोई भी राज्यसत्ता जो इस आवाज से निःसृत शाश्वत संबंध को झुठलाती है मनुष्य को निर्धारित करने का अधिकार खो देती है।' (पृ. 90, वही)

हमारे धर्मनिरपेक्ष समाज में समग्र मनुष्य की कोई जगह नहीं है :

'एक भारतीय की सबसे मूल्यवान स्मृति संपन्न और समृद्ध अंश अँधेरे में चला गया है। ऊपरी जिंदगी में हम भारतीय हैं भीतर के अंडरग्राउंड अँधेरे में हम हिंदू, मुसलमान और सिख हैं। अँधेरे में कोई विश्वास पनपता नहीं सड़ता है। इसीलिए जब कभी वह बाहर आता है तो अपने सहज आत्मीय रूप में नहीं बल्कि विकृत और दमित भावना के रूप में। समय-समय पर होने वाले दंगे हमें उस अँधेरे की झलक दिखाते हैं जहाँ एक सेक्युलर समाज ने धर्म को फेंक दिया है। क्या आज का भारतीय—जिसमें केवल हिंदू-मुसलमान-सिख ही नहीं वे लाखों आदिवासी शामिल हैं जिनके पास अपने धार्मिक विश्वास हैं एक पीड़ायुक्त विभाजित मनःस्थिति में नहीं जीता—जहाँ पश्चिम की आधुनिकता में ढली शासन-सत्ता कदम-कदम पर उन्हें एक ऐसे परिवेश में जीने के लिए विवश करती है जिसका उसके धार्मिक भावबोध की मर्यादाओं से कोई संबंध नहीं ?' (पृ. 92, वही)

एक बार फिर साफ होता है कि निर्मल जिस विभक्ति की ओर बार-बार इशारा करते हैं वह अपने आत्म से उन्मूलित होने की ही विभक्ति है और वे तमाम चीजें उनके लिए शत्रु हैं जो इस उन्मूलन को बढ़ाती हैं। सच्चा धर्म या धार्मिक-बोध समग्र मनुष्य को बनाता है। सेक्युलर समाज धर्म को हंकाल देता है और आदमी को सांप्रदायिक बना देता है। निर्मल के तर्कों को इस तरफ भी निचोड़ा जा सकता है। इस तरह निर्मल की पोजीशंस कई बार 'धार्मिक पोजीशन' नहीं मानी

जाकर सेक्युलर हल्कों में 'सांप्रदायिक पोजीशन' मानी जाती हैं। 'धर्मबोध से दूरी सांप्रदायिकता पैदा करती है'—निर्मल की यह बात उनके आलोचकों के विमर्श में नहीं आती जबकि यह एक सचाई हो सकती है क्योंकि निर्मल बार-बार धर्म के दबाने को सांप्रदायिकता का कारण मानते हैं। धर्म रह सकता है। इतने से समाज चल सकता है। धर्म रह सकते हैं। समाज चल सकता है। सच्ची धर्मानुभूति एक-दूसरे को नजदीक लाती है। सेक्युलर उन्हें दबाता है और आदमी को अकेला करता है जो उसे वहशी बनाता है। आज वहशत का जो माहौल है उसमें यह अनकंटैस्टैड तो नहीं ही है। वह निर्मल को एक उपक्रम भी लग सकता है। लेकिन नहीं, हम जल्दबाजी में उन्हें कम्यूनल नहीं कह सकते। जिन्हें जल्दी है वे कह सकते हैं क्योंकि निर्मल 'लौटने' को धर्म की ओर लौटने से जोड़ते हैं। यहाँ भी उनके किंतु-परंतु हैं। कहें कि निर्मल यहाँ भी हमारे लिए आरोप-योग्य 'सरलता' नहीं छोड़ते। अपने धर्म के आग्रह में भी वे कट्टर धार्मिकता की बात नहीं करते लेकिन वे हिंदू धर्म और उसके बोध तथा उसके अन्यों के संबंध की गाँठ भी नहीं खोलते। वे धर्म को एक अनुभूति के रूप में ही लेते हैं जिसके अपने अलग-अलग आशय हो सकते हैं।

उनके हिंदू अनुभव और अनुभूति का नक्शा उनके हिंदू के 'अन्य' की खोजबीन से बनाया जा सकता है। उनके यहाँ आने वाले गिरजे और पब या बार या होटल यों तो कहानियों का वातावरण होते हैं जहाँ घटनाएँ होती हैं लेकिन वे चिह्न जिस यूरोप का निर्माण करते हैं उसमें जितना बेगानापन और उदासी होती है वह मानो उसके 'अन्य' यानी भारतीय होने और भारतीय जीवन-शैली को 'कंट्रास्ट' का अवसर देती लगती है। इस तरह जो अर्बन और मेट्रोपॉलिटन संसार और उसके चिह्न उनके यहाँ बार-बार बनते हैं, वे वातावरण मात्र नहीं होते बल्कि एक सभ्यता की समीक्षा के लिए लाए-बनाए जा रहे चिह्न होते हैं। उनके यहाँ एक भी कथा ऐसी नहीं है जो सुख की कथा हो, उस संपूर्णता की हो जिसे उनका धार्मिक-बोध दे सकता हो। वे अपने सपने को अपनी कथा में नहीं आजमाते। उनके यूरोपीय चिह्न, उनके भारतीय चिह्नों के प्रति-चिह्न बनकर आते हैं। भारतीय परंपरा के चिह्नों की विराट अनुपस्थिति और यूरोपीय चिह्नों की जबर्दस्त उपस्थिति उनके

विमर्श की एक कथानीति ही है। अनुपस्थिति में ही भारतीय संस्कृति अधिक सघन बनती है। यह भारतीय संस्कृति के दबा दिए जाने का भी रूपक है। भारतीय संस्कृति उनके जिन प्रिय चिह्नों से निबंधों में बनती है वैसे सटीक प्रतिनिधान वे कथा में संभव नहीं करते लेकिन पश्चिम के चिह्नों के उनके 'बेगानेपन' के आलोक में हम उस शून्य को देख सकते हैं जहाँ भारतीय संस्कृति के उनके प्रिय चिह्नों को होना चाहिए। वे 'न बनाकर' ही अपने भारतीय भारत को बनाते हैं, महसूस करते हैं।

भारतीयता के इस निर्मलीय विमर्श से गुजरने के बाद यह प्रश्न स्वाभाविक ढंग से उठता है कि क्या निर्मल के उपन्यास या कहानियाँ उस 'भारतीय' उपन्यास के नमूने हैं जिसकी एक अबूझ-सी माँग वे 'प्रेमचंद की उपस्थिति' वाली टिप्पणी में करते दिखलाई पड़ते हैं ? और हमारा जबाव होगा कि नहीं। निर्मल प्रेमचंद की ही आधुनिक कथा-संरचनाओं के निर्माता हैं। जिस तरह प्रेमचंद मनुष्य के अच्छे होने के विश्वास की रक्षा करते हैं, निर्मल मनुष्य के अकेले होने के विश्वास की रक्षा करते हैं। प्रेमचंद के मनुष्य अविकास और अभाव के मनुष्य हैं, दुःखी हैं। निर्मल के मनुष्य विकास के संकट हैं। उधर बाह्य-जगत के विकास की छटपटाहट है इधर भीतरी संपूर्णता की। लेकिन दोनों की कथा-संरचनाएँ वही आधुनिक कथा-संरचनाएँ हैं। निर्मल अपने सुख की तलाश किसी भारतीय ढंग से ढूँढ़ने के लिए किसी खांटी भारतीय कलात्मक उद्यम को नहीं जगाते हैं। वे स्वयं एक पश्चिमी 'रियलिस्टिक प्रिंसीपल' को ही अपनाते हैं। चौंकिए नहीं। जब-जब बाह्य वे यथार्थवाद के रिडक्शनिज्म से झगड़ते हैं तो सिर्फ इसलिए कि यथार्थ को वे इकहरा नहीं होने देना चाहते। वे मनुष्य की संपूर्णता की तलाश करते हैं तो समग्र यथार्थ की तलाश करते हैं। उत्तर-औपनिवेशिक यथार्थ का कथन उन्हें एक नए किस्म का उत्तर-यथार्थवादी रचनाकार बनाता है। इसीलिए वे हिंदी आलोचना के लिए आफत हैं। उत्तर-यथार्थवादी कोटि में उत्तर-आधुनिक और उत्तर-औपनिवेशिक यथार्थ दोनों आ सकते हैं। तो भी अपने उत्तर-औपनिवेशिक संचार में निर्मल समस्याहीन नहीं हैं।

पहली समस्या तो वहीं बनती है जहाँ हम निर्मल जैसे भारतीयता के अविराम और विकल खोजी को किसी खांटी पूरबवादी स्थानीय

कथा-युक्ति को ढूँढ़ते, इस्तेमाल करते नहीं पाते।

क्या उत्तर-औपनिवेशिक उपन्यास की विकल खोज स्मृति के निर्मलीय नक्शे के बाहर भी हो सकती है ? इसलाम और ईसाई यूरोप के कलुष से रहित समय में यदि कोई कथा संभव हो तो वह कथा निर्मल के अर्थों में जरूर 'भारतीय' कही जा सकती है। प्रश्न उठता है कि उसकी संरचना क्या है ? क्या निर्मल उसे पुनर्जन्म दे पाते हैं ? कम-से-कम उत्तर भारत की 'भारतीय' वैष्णवों की कथा—हिंदू कथा—'श्रीमद्भागवत' ही है जो कही जाती है। क्या निर्मल कोई भागवत लिखते हैं ?

किसी भागवतकार से बचपन में सुना था कि भागवत 'मरने की कला' सिखाता है। निर्मल के यहाँ भी प्रायः 'मरने की कला' की खोज है जो 'परिंदे' से लेकर 'अंतिम अरण्य' तक क्रमिक ढंग से पहुँचती है लेकिन मरने का जैसा समारोह और शांति का जैसा पाठ भागवत में मिलता है वैसा निर्मल में नहीं है। तब क्या हम कहें कि निर्मल यूरोपीय बेगानेपन के कलात्मक चोले में अपना सुख-सागर लिखते हैं ? क्या वे इतिहास और स्मृति के ही द्वैत में अपनी कथा को फँसा हुआ नहीं पाते ? दरअसल यह फाँस निर्मल की कलायुक्ति है जो हर उत्तर-औपनिवेशिक कलाकर्म में मिलती है।

'संस्कृति, समय और भारतीय उपन्यास' नामक लेख में भी यही फाँस है। यहाँ भी वे यूरोप और भारत के बीच फँसे हैं :

> 'एक आधुनिक भारतीय लेखक के लिए यह जोखिम और भी अधिक विकट है। उपन्यास जैसी विधा के लिए उसे एक पश्चिमी लेखक की ही तरह आत्म-सजग और तर्कशील होना होगा किंतु इस विधा की सीमाओं पर उसे निर्वैयक्तिक, गैर-ऐतिहासिक 'मिथकसंपन्न अँधेरी स्मृतियों' को उजागर करना होगा।' (पृ. 62, शब्द और स्मृति)

वे इतिहास से तो बाहर जाने की जुगत भिड़ा लेते हैं लेकिन 'मिथकसंपन्न अँधेरी स्मृतियों' में नहीं जा पाते। यूरोप से झगड़ते हुए वे एक 'भारतीय उपन्यास' के कुछ सूत्र इस तरह बनाते हैं :

> 'इतिहास और मिथक, समय और स्मृति—इन दो उजले-अँधेरे छोरों के बीच भारतीय उपन्यास जिस जमीन को समेटेगा, उसके लिए जिस 'फार्म' को ढूँढ़ना होगा, वहाँ उस जमीन पर भारतीय लेखक न शुद्ध रूप से दर्शक रहेगा—एक विदेशी उपन्यासकार की तरह—न पूर्ण रूप से भोक्ता, एक औसत भारतीय की तरह। वह न तो इस अर्थ में एक अलगावग्रस्त (एलियनेटेड) बुर्जुआ लेखक बन पाया है जो अपने अलग आत्म-सजग व्यक्तित्व के बाहर अपने अतीत, स्मृतियों और संस्कारों से अलग रह सके, न इन संस्कारों और स्मृतियों से इतना अविच्छिन्न रूप से जुड़ा है कि बाहर के अलगाव, अपने दो सौ वर्षों के यूरोपीय अनुभव से अर्जित आत्म-चेतना की उपेक्षा कर सके। वह बाहर भी है और भीतर भी, वैयक्तिक है तो निर्वैयक्तिक भी, समय से आक्रांत है तो इतिहास का अतिक्रमण करने का मिथक-बोध भी उसमें है। इन दोनों पाटों के बीच अंतर्द्वंद्व और इतिहास की इस जातीय विडंबना का दबाव हम जितनी तीव्रता से महसूस कर पायेंगे उतना ही हमारा यह एडवेंचर प्रामाणिक और अर्थपूर्ण होगा। (पृ. 62, वही)

क्या अब भी यह कहने की जरूरत है कि निर्मल यह सब खुद अपने बारे में ही कह रहे हैं और अपनी उस उत्तर-औपनिवेशिक कलायुक्ति के बारे में भी कह रहे हैं जो उनके सिवा अन्यत्र नहीं दिखती ? जरा उनकी प्रिय बाइनरी 'भीतर-बाहर' से मिलान कीजिए जो इस लेख में दुहरी है। वह उसी क्रम से उसी तरह की बात करती हुई अनेक जगह आई है। लेकिन क्या अब भी हम यह मान लें कि वे सच कह रहे हैं और इससे उनकी कला को समझा जा सकता है ? जी हाँ ! निर्मल इसी मायने में नव-क्लासिकी संपूर्ण लेखक हैं जो कथन और कहन में परस्परता निभाने का वायदा करते हैं। इस मायने में उनका सुसंगत यूरोपीय आधुनिकतावाद ('आत्मसजगता' का भाव) उन्हें बड़ा सहारा देता है और इसी वजह से वे उससे निकलने के लिए छटपटाते हैं। तो भी उनके कथन को उनकी कहन का उदाहरण भर नहीं माना

जा सकता क्योंकि इस आसान रास्ते से उस यातनाप्रद विभक्ति के उत्स के कारक भले नजर आ जाएँ जिससे निर्मल गुजरते हैं लेकिन इस आसान रास्ते में उनकी कला के 'कौशल' खो सकते हैं। कौशल जो पूरब-पश्चिम के बीच संतुलन बनाने के लिए किये जा रहे हैं। यह संतुलन एक जोखिम भरी किंतु नितांत निजी निर्मलीय तकनीक है जो विमर्श में 'कुछ अपने कुछ पराये' को मिक्स करने की छूट देती है। उत्तर उपनिवेशी अनुभवों की यह स्वाभाविक परिणति है। पूरब-पश्चिम में मुठभेड़ के बाद आदान-प्रदान ही होना है तो यातना का खात्मा तो हुआ समझिए !

निर्मल पश्चिम और पूरब की चौखट पर बैठकर एक निराले कीमिया को ईजाद करते हैं। वे इस 'द्वैत' को बनाकर मिटाना चाहते हैं। उनकी ताकत इसके होने के अहसास में है। लेकिन वे भाग कहाँ पाते हैं, वहीं दहलीज पर गिरते हैं। पश्चिम और पूरब के द्वैत से झगड़ने के लिए बहुत दूर तक स्मृति एक कारगर तरकीब बनी रहती है। लेकिन स्मृति में वे तर्क को फँसाते हैं और तनाव पैदा करते हैं : उनके पात्र जब भी कुछ बोलते हैं वे हमेशा ही एक अंतराल पैदा करते हुए बोलते हैं। वे एक-दूसरे की व्यंजनाओं को, पूर्वोक्तियों और संकेतों को समझ लेने वाले होते हैं और घटनाओं और सूचनाओं का एक लाघव पैदा हो जाता है जिससे वे भावुकता की जहालत में गिरने से बच जाते हैं। कथन और कहन में एक निराली पवित्रता पैदा हो जाती है जो उदात्त प्रभाव पैदा करती है। इस तरह लोकप्रिय भागवत की पूरबी 'लो कल्चर' की जगह पश्चिम की 'हाई कल्चर' में दाखिल हो जाते हैं। कला के क्षेत्रों में प्रचलित यह वही राष्ट्रवादी बुर्जुआ विभक्ति है जो तमाम उपनिवेशों में मिलती है। इस विभक्ति की बात मुक्तिबोध भी करते हैं। निर्मल भी करते हैं लेकिन दोनों के निस्तार का रास्ता अलग अलग और विरोधी है। एक समाजवाद में विभक्ति से मुक्ति देखता है और दूसरा समाजवाद से मुक्ति में विभक्ति से मुक्ति देखता है। दोनों को प्रयत्न करने पर भी विभक्ति से निजात नहीं मिलती। विभक्ति बनी ही रहती है। निर्मल में यह यातना को बढ़ाती है। यातना का अहसास और उससे गुजरने की गारंटी उनकी कथा को एकदम पठनीय बनाती है, आकर्षक बनाती है। यह सैल्फ पर्सीक्यूशन जैसा भाव है जो स्वयं में उत्तर औपनिवेशिक

सौंदर्यबोध का हिस्सा है। लेकिन इस 'सजा' से निजात नहीं मिलती। निर्मल ऐसी चौखट पर खड़े रहते हैं जिसमें पश्चिम वाले छोर पर उनका दिमाग टँगा है और पूरब के छोर पर दिल टिका है। हम निर्मल की कथा-साहित्य के भीतर अनवरत बनने वाले सांस्कृतिक रूपकों को पढ़ें जिनमें यही द्वैत, विभक्ति और मुक्ति के सांग रूपक छटपटाते हैं।

अंतिम अरण्य

देह है और कामना नहीं है। गेह है और उसमें शून्य है। आत्म है जो देह में रहते हुए देह से अलग है। नहीं, यह एक आत्म नहीं है, उसके बहुवचन को एकवचन जैसा बनाया गया आत्म है जो देह को विलग होते, इच्छाओं को विलग होते देख सकता है।

देह है तो कामना है। कामना है तो भोग है। भोग है तो जगत है। जगत है तो लीला है। लीला है तो मृत्यु है। मृत्यु है तो मरने की कला है। यह सब उनकी कथा- युक्तियों में दबा हुआ चलता है। आप जब भी प्रतीक्षा शब्द देखें तो कामना को पढ़ें। आप देह देखें तो आत्मा को पढ़ें। निर्मल को उल्टा पढ़ें। वे सीधे हो जाएँगे। इसके लिए उनके नवीनतम उपन्यास 'अंतिम अरण्य' को ही उदाहरण बनाया जाना चाहिए।

'अंतिम अरण्य' में व्यंजक इतने उलट लिए गए हैं कि देह होते हुए भी कामना नहीं दिखती। देह इतनी अलग और फिर भी इतनी

सच्ची है कि कामना की निरंतर अनुपस्थिति डरावनी लगती है। आप अचानक एक ऐसे विमर्श में दाखिल होते चले जाते हैं जो आपको अपने अरण्य में ले आता है। निर्मल वर्मा 'अंतिम अरण्य' में मरने की कला के बारे में सोचते हैं। जीवन को जीने का पर्याय मानने वालों के लिए निर्मल ने इस बार जो आफत खड़ी की है, वह उनके अब तक के लिखे से कहीं ज्यादा बड़ी है और उनके लिए भी कम आफत नहीं है। मृत्यु की राख की पोटली ही उनका हासिल है। निर्वेद एक डरावनी शांति बनाता है। अस्ति के सवाल नास्ति के सवालों के आमने-सामने और इस कदर रख दिए जाते हैं कि नास्ति के पहलू प्रमुख हो उठते हैं। नास्ति इतनी खिंचती है कि अस्तित्व के सवाल जाग जाते हैं। एक बार फिर निर्मल अपने अकेलेपन से लड़ने निकले हैं सो तमाम वही कला-युक्तियाँ यहाँ हैं। पहाड़, पब, लायब्रेरी, सिमिट्री, वृद्ध और ठहरे हुए अपनी मृत्यु की प्रतीक्षा करते लोग। यहाँ उनके बाहर के यथार्थ के बारे में कोई सवाल करना उनके मरणयोग को डिस्टर्ब करना होगा। यथार्थवादी किस्म की आलोचना यही करेगी लेकिन तब वह निर्मल को खो देगी। ऐसा नहीं किया जाना चाहिए। निर्मल के इस नए भागवत में मरने की कला को पढ़ा जाना चाहिए।

यहाँ आत्म देह से सिर्फ अलग नहीं होता स्वयं को देह से अलग होते हुए देख सकता है। देखता ही नहीं भीतर गहरे अनुभव करता है और फिर भी अस्ति को इतना नहीं बढ़ाता कि वह आस्तिक की मौत लगे। चकित रहते हैं और सिर धुनते हैं लोग कि निर्मल बार-बार मसान क्यों जगाते हैं ? दरअसल वे किसी अभिशप्त यक्ष की तरह अपने से सवाल करते हैं और जबाव ढूँढ़ते हैं जबकि लोगों ने ऐसे सवालों को विदा दे दी है या बेकार मान लिया है ? ये सवाल ही तो उनकी असल भारतीय पंरपरा के सवाल हैं जिन्हें उससे बेगाने लोग भूल गए हैं। निर्मल इसीलिए मरने के सवाल बार-बार उठाते हैं। जो भारतीय परंपरा से बेगाने हैं उनके लिए मरने का अर्थ मर जाना है। भारतीय परंपरा में या कहें हिंदू परंपरा में यह जीने का पर्याय है। इस टिप्पणी के आरंभ में उद्धृत कठोपनिषद् से लेकर गीता भागवत यही बताते हैं। निर्मल मृत्यु को इसीलिए एक रणनीति की तरह लेते हैं। उनके यहाँ एक केंद्रीय रूपक है। कोरी स्मृति का मामला यह नहीं है। उससे कुछ ज्यादा है

यहाँ। प्रतीक्षा का वह अर्थ भी यहाँ नहीं बनता जो कहता है कि दुनिया एक सराय है और लोग आते-जाते हैं। और अकेले भी अब कोई नहीं जाता, न आता है। निर्मल के 'अंतिम अरण्य' में अकेला भी कोई नहीं है। सबकी स्मृतियाँ उनके साथ हैं। यहाँ स्मृति एक अनूठा विमर्श खड़ा करती है : अकेलेपन के खिलाफ कि जब कोई जाता है तो अकेला नहीं जाता हमारी स्मृतियाँ, हमारा भी एक अंश उसके साथ जाता है। 'संदर्भ' का खो जाना इसे ही कहते हैं।

'अंतिम अरण्य' में निर्मल ने अपने विमर्श को मानो पा लिया है। प्रतीक्षा अब भी है लेकिन आत्म से देह को अलग होते देखने की है। और स्मृति में अकेलेपन को अकेले न रहने देने की है।

क्या यह निर्मल का स्वभाव है कि वे हर बार किसी 'होने' की प्रतीक्षा में रहें ?

प्रतीक्षा क्यों-किस हेतु है ? यह 'उस लोक' की नहीं है। अगले जन्म की नहीं है तो किसकी है ? अगले काल में अगले अनुभव की है शायद ! और ज्यों ही वे काल के अगले अनुभव में जाते हैं भविष्य में जाते हैं। सूत्र कुछ इस तरह निकलता है। यद्यपि सबसे ज्यादा विकट है ऐसे सूत्र निकालना क्योंकि वे सूत्र बनने नहीं देते और अन्यों के विपरीत वे स्मृति के खेल से और मूड की गहराई से उसे विशृंखलित करते हैं। दरअसल निर्मल कथा में सोचते हैं। वे कथा को विमर्श तक ले आते हैं। जीवन के ऐसे सवाल जो प्रायः जहालत में छोड़ दिए जाते हैं, वे बार-बार उठाते हैं। 'अंतिम अरण्य' में भी वे ऐसा ही करते हैं। उनकी किताबों को एक महा उपन्यास के रूप में ही पढ़ा जा सकता है या कहें अनेक एपिसोडिक किंतु एक थीम वाला उपन्यास जो कभी कथा में चलता है, कभी निबंधों में, कभी डायरी में तो कभी बातचीत में।

निर्मल की स्मृति में देह निहित है। प्रतीक्षा में जगह छिपी है। मृत्यु में होने का भाव निहित है। उनके तीन व्यंजकों को पीछे से देखें तो हमें उनके निहितार्थ कौंधेंगे। 'अंतिम अरण्य' तो इन सबका एक 'ट्रांजिट कैंप' ही है। मदन सोनी ने इसे कई कहानियों में सुंदर ढंग से देखा है और इसे निर्मल का एक बड़ा रूपक बताया है।

पहाड़ हो या यूरोप हो हर जगह 'एक गलत-सी जगह' ही

> है : 'कोई अपनी सही जगह नहीं है'। सही जगह के लिए ही दौड़-धूप है। मि. मेहरा अपनी जगह सही नहीं, निरंजन सही नहीं। निरंजन एक मुखर प्रतीक है मिसफिट होने का।'

क्या यह आत्म की भटकन का भाव है कि वह चौरासी लाख योनियों में भटक रही है क्योंकि उसकी मुक्ति नहीं है ? किसी एक भगवान में विश्वास करने वाले के लिए ऐसी भटकन कर्मफलवाद का पर्याय बनकर तर्कसंगत तो रहती है लेकिन निर्मल के यहाँ कर्मफलवाद नहीं है फिर भी भटकन है। किसी का भी अपनी सही जगह न होना है। किसने बिखराया सबको ? प्रतीक्षा है तो सही जगह पाने की है। स्मृति में दर्द और गहरा अवसाद रहता है और जीता है तो इसी मिसफिट भाव के कारण। भक्तों के लिए यह प्रपंच अविद्या, माया ने फैलाया है। निर्मल के लिए यह प्रपंच यूरोप की माया ने। आप चाहें तो भक्ति का पूरा सांग रूपक ही निर्मल में पढ़ सकते हैं। यही उनका भारतीय भाव है।

तो कोई 'सही जगह' है निर्मल के पात्रों के पास जिसमें 'न होने' के कारण वे अक्सर महसूस करते हैं कि गलत जगह हैं। लेकिन अरण्य के चौकीदार मुरलीधर को और उसकी काली—कुतिया—को तो नहीं लगता कि वे गलत जगह हैं। ये निर्मल नहीं कहते लेकिन कथा-योजना में मुरली का ऊहापोह में न रहना बताता है कि कोई दूसरी बात भी मुरलीधर के माध्यम से निर्मल कह रहे हैं। वे ऊहापोह और ऊहापोह के परे जीने की प्रविधि को आमने-सामने तर्क की तरह रख रहे हैं। इसे अरण्य की समीक्षा में प्रायः प्रमुख और अनुषंगी पात्रों में रखकर निपटा दिया जा सकता है। दरअसल ये निर्मल की संरचनाओं के अपने तर्क होते हैं।

जैसे ग्लोबल मेट्रोपोलिटन, पढ़े-लिखे, आधुनिक जीवन-शैली वाले लोग निर्मल बार- बार बनाते हैं तो इसीलिए कि वे उस आधुनिकता को बार-बार दिखा सकें जो जीने का अभिशाप है। निर्मल के यहाँ पश्चिम के ऐसे चिह्न उसकी विभीषिका और अभिशाप के ही चिह्न हैं। बार-बार आकर निर्मल के यहाँ यूरोप 'यूरोप' में नहीं रह गया है उससे प्रतिश्रुति के क्षेत्र सर्वत्र फैल गए हैं।

निर्मल यूरोप और आधुनिकता से उलझकर एक किस्म की भारतीयता को बनाने की कोशिश में संलग्न रहते हैं। वैसी ही कोशिश वे कथाओं में भी करते हैं। इस तरह एक बड़ी टैक्स्ट का संधान करते रहते हैं। आप जिस बात पर मोहित होते हैं वह है उनकी ऐसी सघन संलग्नता जो उनका और उनके रास्ते हमारा पीछा नहीं छोड़ती। यह एक जानलेवा काम है। यहाँ कम-से-कम एक हिंदी लेखक है जो कुछ बुनियादी से काम करता आ रहा है। और सातत्य में करता आ रहा है। हमें लगता है कि निर्मल एक बेदम समय में अपने सवालों को नहीं ढलने देते और एक महावृत्तांत, एक मेटानेरेटिव की तलाश में भटकते हैं। निर्मल के यहाँ मिलने वाली तकलीफ इसी मेटानेरेटिव को बार-बार बनाकर भी न पा सकने की तकलीफ है। मेटानेरेटिव की साधना में उनकी भाषा असाधारण-सी हो उठती है। उसमें एक प्यारी- सी कठिनता, व्यंजनात्मकता और अमूर्तता आ जाती है। उसमें उपमाएँ भाव-सबल हो जाती हैं और विवरण कल्पनात्मक लाघव के हो जाते हैं जिन्हें सुविधा के लिए कुछ पाठकर्ता काव्यात्मक कहते हैं। यह उनके भारतीय होने के प्रयत्नों की भीतरी लय है जो प्रायः मूड बनाने और उस भाव स्थिति को निभाने और उसके प्रभाव को सघन करने के लिए आती है, जो निर्वेद की प्रार्थना बन जाती है। कुछ लोग इसे संगीत कहते हैं।

मोहकता वह जाल है जिसमें निर्मल पाठकर्ता को फाँसते हैं ताकि उसे जीवन के बुनियादी सवालों से परिचित कराया जा सके। यथार्थवाद के सतहीपन में समाप्त हो रही तरकीबों में ऐसी संरचनाएँ नहीं हो सकती हैं जो मन को थाम सकें। रोजमर्रा के यथार्थ को कौन पढ़ना चाहेगा ? कोई कहाँ तक नई कहानी की संबंधगत विडंबनाओं के लिए परेशान होगा ? साहित्य सोचने की एक प्रविधि है तो कुछ बुनियादी सवालों पर ही सोचना चाहिए न ! निर्मल के लिए साहित्य 'सोचने' का उपक्रम है। यही उनकी ताकत बनती है और उन्हें हिंदी का सर्वाधिक मनन करने वाला रचनाकार बनाती है। वे उनके लिए भी अनिवार्य बन उठते हैं जो उन्हें अपने वर्ग और विचार का रचनाकार नहीं मानते। वे अपनी कलम से उन्हें भी जीत लेते हैं। निर्मल को देखना एक कला की जिद की जीत को देखना है। कला के विमर्श को विजयी होते देखना है।

वह क्या है जो निर्मल को लगातार अनिवार्य रचनाकार बनाता गया है जबकि आलोचना के परे वे अकसर निकलते दिखाई देते हैं ? इसे खोजने की कोशिश की जानी चाहिए कि निर्मल अपना पाठक किसे बनाते हैं ? लगता है, वे स्वयं ही प्रथम और अंतिम पाठकर्ता हैं। यह इत्तफाक ही है कि उन जैसे और भी उनमें अपने को पढ़ सकते हैं, अपना पाठ बना सकते हैं।

यूरोप एक समस्या है। भारत में यूरोप एक स्थिति है। वे अपने विमर्श में इससे कुछ सभ्यतामूलक समस्याएँ पाते हैं। इतिहास की जगह स्मृति को वे इसीलिए लाते हैं। इतिहास और स्मृति को इतना सचेत रूप से आमने-सामने लाने वाला रचनाकार हिंदी में दूसरा नहीं दिखता। उनके पात्रों में नितांत वर्तमान भी एक स्मृति की तरह आता है। 'अरण्य' की बात करें तो भविष्य भी स्मृति की तरह आता है। यह साधना कितना कठिन है ? यह तर्क शास्त्र में नहीं सधता लेकिन कला में, अलंकार में, स्मृति के अलंकार में सध जाता है। निर्मल ने स्मृति को पूरे शास्त्रीय अर्थ में अलंकार में बदला है। इतिहासवाद यानी आधुनिकता की योजना के मुकाबले स्मृति ही उनकी भारतीयता है। यह उनका उत्तर-औपनिवेशिक कोना है जहाँ वे 'मुक्त' होते हैं लेकिन क्या वाकई ?

नहीं, निर्मल यहाँ भी मुक्त नहीं होते। वे अपने में फँसे रहते हैं और फँसा रहना ही उनकी उपलब्धि है।

'अंतिम अरण्य' में बार-बार देह आत्म से अलग और छूटती दिखाई देती है :

> एक दिन मुरलीधर पाता है कि मेहरा साहब के भीतर कोई और रहने लगा है। मेहरा साहब की देह जा रही है। वे उसे जाते देखते हैं।

आत्म का और देह का ऐसा द्वैत निर्मल की अपनी प्रतीति है। भाव और भाषा का द्वैत भी उनकी अपनी प्रतीति है। स्मृति और इतिहास का द्वैत और अब आत्म के भीतर भी फाँक का द्वैत है जो स्मृति के आत्म में सक्रिय होने का परिणाम लगता है। 'अरण्य' में यही फाँक है आत्म के भीतर की फाँक ! डबल सैल्फ !

एक बार फिर कहना चाहिए :

निर्मल के कथा-विमर्श सत्य की खोज में लगे सत्तामूलक-विमर्श ही हैं लेकिन वे उन्हें सत्य के विमर्श की तरह चलाते हैं। इस उपक्रम में और उनकी लालित्य-योजना में सत्तामूलक-विमर्श छिप जाते हैं। प्रकटतः स्वयं वे सत्तामूलकता को संदेह से देखते हैं। जब वे तर्क पर संदेह करके स्मृति/अनुभव पर अधिक भरोसा करना चाहते हैं तो अपना एक सत्तामूलक-विमर्श ही बनाते हैं। तर्क और अनुभव का द्वैत पश्चिम का अपना द्वैतवाद है लेकिन जब वे स्मृति को उसकी पराकाष्ठा और अनुभव की अटूटता की ओर लाते हैं तो लगता है कि वे तर्क के इसी हलके में पहुँच रहे हैं। यह छल मोह पैदा करता है। पाठकर्ता लगातार सत्तामूलकता में खींचा जाकर सत्य की तलाश की मार्मिक विकलता का भरोसा करता है और निर्मल का गुलाम हो जाता है। अनुभव की ऐसी विकट बहाली और परमता अब तक कविता का विमर्श कही जाती थी। निर्मल उसे कहानी में अकेले ही स्थापित करते हैं। जिन्हें कविता में अनुभव की अटूटता से परहेज नहीं वे निर्मल के विमर्श में अनुभव के दावे से क्यों चिढ़ने चाहिए ? लेकिन लोग हैं और चिढ़ते हैं। यह भी निर्मल की ताकत है।

स्मृति के जरिए वे सत्य का जो विमर्श खड़ा करने की कोशिश करते हैं, उसमें बहुत कोशिश करने पर ही यदि उनकी सत्तामूलकता के बिंदु झिलमिलाते हैं तो इसे उनकी कला का जादू कहना चाहिए। वे जब स्मृति को उसके 'अन्य' के विरुद्ध टोटलाइज करते हैं और फिर भी वे समस्याग्रस्त होकर पकड़ में नहीं आते तो हमें उनकी कला की जुगत का कायल होना पड़ता है।

निर्मल दरअसल आधुनिक द्वैत को एक रणनीति उसके खिलाफ एक रणनीति बना डालते हैं। वे उसके आखिरी छोरों को बार-बार छूते हैं। इन छोरों को छूने में ही उनकी भाषा तनती है, सुतती है। या कहना चाहिए कि जब वे भाषा में अनुभव को तानते हैं तो वे ऐसी जगह पहुँच जाते हैं जहाँ सत्य और सत्तामूलकता एक होकर उनके कहे सत्य जैसी दिखती है। यही उनकी निबिड़ता है। वे पाठकर्ता को अपना बना डालते हैं। या फिर आप उनके जादू से बाहर रहें तो बेहतर !

निर्मल कहते रहे हैं कि हमारे अनुभवों को कोई भाषा पूरा नहीं कह

पाती। भाषा हमेशा अधूरी रह जाती है। यहाँ से वे उस मौन को जगह देते हैं जो यद्यपि भाषा में ही होता है लेकिन भाषा की असामर्थ्य बताने के लिए ऐसे बताया जाता है मानो मौन का अर्थ एक 'भाषाहीनता' है। उनके यहाँ मौन, एकांत, शून्य कभी भी कहीं भी प्रसंगातर से आते रहते हैं। दो वस्तुओं, दो व्यक्तियों ही नहीं दो बातों के बीच मौन पसरा रहता है। इस तरह वे अक्सर 'अकथ' की बात कहने की कोशिश करते हैं और वे एक दूसरी जगह बना जाते हैं मानो जो कहा गया यथार्थ था उससे कहीं जटिल और बड़े उसके मानी थे जो नहीं कहे जा सके। इस तरह वे एक यथार्थ ऐसा मानते हैं जो भाषा से 'बाहर' और प्रकट 'होता' है जिसे भाषा 'कहती' है। चूँकि वे कहने में भाषा के हकलाने को बार-बार कहते हैं तो पाठकर्ता को लगता है कि वह जो पढ़ रहा है उसके समांतर ही नहीं उससे बड़ा यथार्थ टैक्स्ट के कहीं बाहर बह रहा है लेखक उसका एक सिरा पकड़ कर हमें दिखा रहा है।

हम देखें कि यह सब यथार्थवाद की पदावली ही है जो प्रतीयमान या भासमान को कहती है और मानती है कि यथार्थ बार-बार ब्रह्म की तरह मुट्ठी से बाहर जा पड़ता है। यों इस तरकीब और अनुभव को हर आधुनिकतावादी कहता है लेकिन निर्मल इसे दिखाते चलते हैं कि किस प्रकार भाषा पिछड़ रही है और मौन ही कह सकता है। लेकिन मौन भी तो एक शब्द ही है, शब्द न होते मौन कैसे होता ? निर्मल की कला इस सवाल को दबा देती है। मौन की यात्रा उनकी सबसे व्यंजित यात्रा है लेकिन मौन के पीछे का शोर दबा दिया जाता है। निर्मल ने कला से यह तरकीब हासिल की है। कला दरअसल मौन का निषेध है यद्यपि वह मौन को भी शब्देतर करने की जुगत देती है। मौन उसी स्मृति का लोप है जो निर्मल की आखिरी तरकीब है।

पश्चिम में इतिहास है। हमारे यहाँ स्मृति है। सरलीकृत रूप में उनकी बात को ऐसे कहा जा सकता है। निर्मल इन बातों को जटिलता में ही रखते हैं। लेकिन वे अपने चरम पर जाकर यह भूल जाते हैं कि मौन भी शब्द ही है और स्मृति और इतिहास के युग्म भी इतिहास ही हैं। स्मृति का भी इतिहास होता है जैसे कि साहित्य का इतिहास होता है।

आधुनिकता के बाद इतिहास से कोई मुक्ति नहीं। उत्तर-आधुनिकता

इतिहास से मुक्ति की बात न कहकर 'इतिहासों' की बात करती है और फुकुयामा का इतिहास का अंत भी 'जनतंत्र' के पूर्ण होने का दूसरा नाम है। 'अंत' के व्यंग्यार्थ जो नहीं जानते उनके लिए वह इतिहास का अंत है। दरअसल आधुनिकता के बाद इतिहास एक दशा है चयन नहीं है क्योंकि स्मृति से भी कोई मुक्ति नहीं है। मुक्ति यानी सही जगह की प्राप्ति। सही जगह की प्राप्ति के बाद तो भाषा, स्मृति और इतिहास सबके झगड़े ही मिट जाते हैं।

हम फिर 'अरण्य' को देखें :

मेहरा साब की स्मृति को टीपने के लिए उनकी दूसरी पत्नी दीवा 'मैं' को नियुक्त करती हैं। वे खामोशी से कैंसर की तकलीफ सहती मर जाती हैं। 'मैं' उनके 'अनकहे' को मानता है और उनकी अनुपस्थिति में मेहरा साब की देखभाल करने टिक जाता है। मेहरा साब अपने अतीत को कभी भी बोलते चलते हैं। 'मैं' का काम लिखते चलना, नोट्स लेते चलना है। वे क्या लिखाते रहे हैं। कुछ खास पता नहीं चलता सिवा इसके कि उनकी स्मृति जहाँ-जहाँ भटकती है वहाँ-वहाँ के नक्शे हस्बेमामूल बनते हैं। मेहरा भटकती स्मृति की सक्रियता के रूपक हैं और 'मैं' निर्मल के लेखक रूपक की तरह भी पढ़ा जा सकता है। ये आसानी से पकड़ में आ जाने वाले रूपक हैं। लेकिन हम इन्हें कामचलाऊ रूपक ही समझें। निर्मल अपने रूपकों को अन्योक्ति में घटाने के आदी हैं। कुछ इशारे और बस ! सांगरूपक की निरंकुशताओं से उन्हें घोर चिढ़ है। होनी चाहिए। एक अनुभव है जो कह रहा है और एक लेखक है जो लिख रहा है। मेहरा 'अनुभव' और 'मैं' लेखक का रूपक धरते हैं। एक दिन अनुभव बंद हो जाता है तो लिखना बंद हो जाता है। इस अनुभववाद की पहली क्राइसिस अचानक तब दिखती है जब मेहरा साब लिखना बंद कर देते हैं और सिर्फ देखते रहते हैं यानी मौन में चले जाते हैं। लेकिन अरण्य मौन को भी लिखता है। इस तरह लेखन का डबल यहाँ भी है।

पहाड़ निर्मल के यहाँ नीरवता और एकांत का रूपक भी है और उसकी युक्ति भी। या फिर पब होता है। या कोई बागीचा। वे सब एकांत को देने वाले चिह्न हैं। स्मृति को सक्रिय करने वाले। स्मृति में कला है। वह एक टोटल कला है। मेहरा यहाँ उसके कर्ता हैं। उपकर्ता

लेखक है। उसके अनुभव भी ऐसे ही हैं। वह उनमें शायद पिता की शक्ल देखता है, बीस साल पहले जिनकी अस्थियाँ वह कनखल में सिरा चुका है। वह कहता नहीं है लेकिन दीवा के जाने के बाद वह बार-बार अपने आपसे कहता-पूछता है कि वह वहाँ क्यों रुका हुआ है जबकि जिन्होंने बुलाया था 'वे जा चुकी हैं।' वह कहता है कि वे कह गई हैं कि मेहरा साब की देखभाल करते रहना। मेहरा साब खुद पूछते हैं कि वह चला क्यों नहीं जाता लेकिन वह नहीं जाता है। क्यों ? बेचैन होकर पाठकर्ता खासकर आज का पाठकर्ता जरूर पूछता है जैसे कि उपन्यास के पात्र पूछते हैं 'मैं' से।

सैंतीस साल का व्यक्ति क्यों जीने की जगह नहीं जाता ? वह कहता है कि उसके पीछे कुछ है ही नहीं जिसके लिए कहीं जाए ! वह नहीं जाता है। क्या वह मेहरा के मरने में अपने पिता का मरना, दीवा के मरने में अपनी माँ का मरना और फिर अपना मरना देखता है ? शायद हाँ ! यह मरने की कला है जो दिखाई जा रही है। मरने को सहने की कला है जो बताई जा रही है। एक प्रकार के गरुड़पुराण का पाठ है यह ! मोहरहित जगत है यहाँ। लेकिन क्या सबका मोह नष्ट हो गया है ? हो सकता है ? मोह जो कि जीवन है।

यह क्या है ? क्या यह स्मृति को नकारना है ? शायद हाँ। अपनी स्मृति को दबाने की तरकीब क्योंकि यदि स्मृति रही तो लेखन न होगा, स्मृति है तो वह लिखने की दुश्मन भी है। स्मृति है तो लिखना क्यों है ? तब क्या निर्मल न चाहते हुए भी अचानक अपनी 'प्रिय' स्मृति की भी सीमा की ओर इंगित कर देते हैं और अपने नए अंतर्विरोध में फँसते हैं ? शायद 'हाँ'। निर्मल के 'अंतिम अरण्य' के विखंडन में अरण्य की व्यवस्था इस ओर पर्याप्त इंगित करती है। मेहरा की स्मृति एक हद के बाद काम करना बंद कर देती है, लिखना बंद हो जाता है लेकिन स्मृति के बंद होने के बाद भी कथा का चलना बताता है कि स्मृति का लोप भी शब्द में ही है इसलिए लुप्त नहीं होता।

'अंतिम अरण्य' निर्मल का दोहरा या कहें तिहरा प्रस्ताव है, जहाँ वे अपने समग्र के अभाव और उसे भरने के लिए तिहरा रूपक रचते हैं। पहला रूपक लेखन का है। दूसरा रूपक मृत्यृ का है। तीसरा रूपक पितृपक्ष की तलाश का है और सलीब की तरह उसे ढोने का। 'अंतिम

अरण्य' में तीनों रूपक एक-दूसरे में गुँथे हुए हैं। यहाँ एक तरह का मल्टीमेटाफर है।

लेखन का रूपक कहता है कि मेहरा की स्मृति में कुछ है जो अटका है। वे बोलते हैं लेखक नोट्स बनाता जाता है। यह अपने विषय से पार्थक्य और तदाकारिता का पहलू है जो हर लेखक के पास होता है। 'अंतिम अरण्य' का वाचक इस रूपक को अंत तक निभाता है तब भी जब मेहरा साब चले जाते हैं और उसे नोट्स की जगह उनकी राख की पोटली सँभालनी पड़ती है। एक तरह से यह लेखन की मृत्यु की तरह है, जहाँ लिखने के बाद राख ही हाथ आती है। यहीं से मृत्यु का रूपक फँसता है कि जब पोटली ही हाथ लगनी है तो भी वाचक मेहरा के लिए रुका रहता है। रुका रहता है क्योंकि यहाँ दीवा ने उसे बुलाया है और उनके मरने के बाद वह उन्हें अकेले छोड़कर नहीं जा सकता। वह उन्हें धीरे-धीरे मरते देखता रहता है। वे स्वयं को धीरे-धीरे मरते देखते हैं। मृत्यु बहुत धीरे-धीरे आती है। मृत्यु के आने से नौकर मुरली नहीं चौंकता सब चौंकते हैं। मुरली एक चिह्न है भारतीय जीवन का जो शायद सब पात्रों से ज्यादा सहज है। वह कहता है कि 'उनके भीतर कोई दूसरा आ गया है' मेहरा साब के आचरण के बदल जाने से वह ऐसा कहता है।

यहाँ से हम तीसरे रूपक में जाते हैं : पितृपक्ष का रूपक, जिसे निर्मल 'कव्वे और काला पानी' के जमाने से साधते आए हैं।

मेहरा पिता हैं पहली पत्नी की बेटी तिया के, जो उनके साथ नहीं रहती। उनके बीच संबंध बहुत ही अकथित और वक्र हैं जो थमे से रहते हैं। वे चाहते हैं कि तिया उनको कुछ लिखे पत्रों में। वह नहीं लिखती है। वह क्या लिख सकती थी ? अपनी माँ के बारे में लिख सकती थी। माँ, जिसके बारे में मेहरा अपने पक्षाघात के पहले कहते हैं कि वे एक हत्यारे हैं जिन्होंने तिया की माँ को मारा है। यह मारना 'हत्या' करना नहीं है। कुछ और है। क्या है यह स्पष्ट नहीं है। एक गहरा अपराध-बोध है मेहरा के पास। तिया शायद उन्हें माफ करे या कि न करे, मेहरा उससे एक संवाद चाहते हैं और तिया के पास जाने के लिए तैयार होते हैं कि पक्षाघात होता है, आवाज चली जाती है। फिर वे मर जाते हैं। तिया आती है, राख बटोरती है और पोटली लेखक को दे देती

है। लेखक का पिता पहले मर चुका है। उसके पास जीने की कोई बड़ी वजह नहीं बची है। वह एक बार फिर पितृपक्ष के काम पूरे करता है। राख को गंगा में प्रवाहित करता है।

'अंतिम अरण्य' मृत्यु के भुतैलेपन की कथा है जो सबके पास कमोबेश इसी तरह आती है। वह हिंदी कहानी का गरुड़पुराण है जो हमें मरने के बारे में कष्टरहित होना सिखाता है। वह एक बेमतलब हो उठे जीवन की मृत्यु में अर्थ खोजने का आख्यान है। सारी कथा मानो एक मौत का समारोह है। मृत्यु जिसके बारे में निर्मल कहते-लिखते नहीं अघाते। लिखना मरना है यहाँ।

यहाँ भी सरल निष्कर्ष नहीं है। जिन लोगों के लिए मृत्यु की बात करना जीवन- विरोधी है वे जीवन और मृत्यु के विमर्शों को नहीं जानते। यहाँ भी निर्मल एक निर्वेद में लौटते हैं। सारी कथा एक निर्वेद कथा है जहाँ मरकर आदमी बोझ रहित हो जाता है, छूट जाता है। मेहरा के मरने से लेखक मुक्त हो जाता है लेकिन दीवा का भरोसा टूट जाएगा अगर वह चला गया तो।

इस बार निर्मल ने संबंधों में अबूझ किस्म के आदृत संबंधों को प्रतिष्ठित किया है। वे मेहरा, दीवा यहाँ तक कि तिया के लिए आदरसूचक संबोधनों में बोलते हैं। वे उनकी अनुपस्थिति में भी ऐसा आदर निर्मित करते हैं। क्यों ? यह निर्मल की तरकीब है जो नई है। वे भाव और संबंधों को अतिरिक्त पवित्रता देना चाहते हैं। वे मृत्यु के आँगन में कोई सतहीपन और गन्दगी नहीं चाहते। आप यहाँ यथार्थ कथा नहीं ढूँढ़ें क्योंकि निर्मल के यहाँ यथार्थवाद एक संदिग्ध श्रेणी पहले से ही है। तिया और लेखक के बीच एक सहमा हुआ सा लेकिन सधा हुआ सा समादृत संबंध है। वे एक ठहरे हुए संबंध में बहुत कम संकेतों से एकाध बात करते हैं और एक बार तिया उनके हाथ पर हाथ रखती है। वह सिर्फ अकथनीय किंतु अनुतप्त स्पर्श भर है जिससे कुछ नहीं निकलता, कोई प्रेमालाप नहीं बनता जबकि प्रसंग में पूरी गुंजाइश है। कारण, मृत्यु की कथा के बीच प्रेम की रचना मृत्यु की समग्रता को कम कर सकती है। वह पितृपक्ष की पवित्रता को कम कर सकती है। मृत्यु से अधिक पवित्र कुछ नहीं होता सो सारे मैल- कुचैल भरी इच्छाओं और कामनाओं को हर जगह दबाया गया है। निर्मल 'डिजायर' को हर जगह

दबाते हैं और इसी से वह दुर्दमनीय-सी होती है। निर्मल को पढ़ते हुए हम इसी दबी कामना को अपने भीतर खोलते हैं। तिया का क्या होगा ? यह सवाल मेहरा नहीं पूछते लेकिन हम पूछते हैं। सब पूछते हैं। बिना कहे पूछते हैं। यह न कहकर पूछना ही पवित्रता से भर देता है सब कुछ को।

'अंतिम अरण्य' निर्मल का शायद सबसे जबर्दस्त विमर्श है, उन सब बातों का जिन्हें वे अब तक करते आए हैं। इस बार आदर और पवित्रता का भाव जरा ज्यादा जगाया गया है। पितृपक्ष और मृत्यु का सेलीब्रेशन भी ज्यादा है। कव्वे में जितना था उससे ज्यादा। पितृपक्ष की स्थापना बहुत स्पष्ट है। अपनी जड़ों से कटे लोग मृत्यु को ऐसे ही झेल सकते हैं। मरने के बाद मेहरा का संस्कार गंगा में करने के लिए तिया मान जाती है। यह लौटना है। किसी ने सोचा कि ऐसा होगा ? लेकिन होता है क्योंकि मृत्यु में लौटना है। पंचतत्व में विलीन होना है।

शायद निरंजन वह पात्र है जो आधुनिक अकेलेपन और विभक्ति की दूसरी खुराक है जो दर्शन पढ़ता है और सेब के बागीचे लगाता है। कैसा मिसफिट !

अब जरा जगह को पढ़ें। इसके लिए हम 'कव्वे' विमर्श को साथ-साथ पढ़ सकते हैं। 'कव्वे' का पिता 'अरण्य' के पिता में आकर बैठ गया लगता है। इस तरह दो जगह हैं : होने की जगह, 'होने' के बाद की 'न होने' की जगह; मृत्यु के पहले की जगह। मृत्यु के बाद की जगह। जगह को पढ़ना और उसके शून्य को पढ़ना यहाँ भयावह है। अरण्य का लगभग हर पात्र कहता है कि हममें से कोई अपनी सही जगह नहीं है। सही जगह नहीं मिलती किसी को। मृत्यु ही सही जगह है वरना भटकना पड़ता ही है। निर्मल नहीं कहते कि जीव को चौरासी लाख योनियों में भटकना पड़ता है। वे यह भी नहीं कहते कि फिर भी जीवन को जिए जाना है। नौकर मुरली जरूर अपनी सहजता में ऐसा कहता जान पड़ता है जिसके लिए मौत उसी तरह है जिस तरह जीना। वह कतई उत्तेजक नहीं है। वह एकदम सरल और सुंदर और निर्णायक है। मृत्यु के क्षणों में सबसे सहज मुरली ही रहता है। बाकी के लिए वह एक हो रहा प्रत्यय है, एक प्रक्रिया है जिसमें 'मरने वाले के साथ उसका भी बहुत कुछ मर जाता है'। यह स्मृति की प्रक्रिया है और

ताकत कि आदमी के मरने के बाद उसके साथ न मरने वाले का भी बहुत कुछ मर जाता है। लेखन का विषय मर जाता है। लेखक का जगत मर जाता है। लेखन की मृत्यु की पोटली लेकर गंगा में ही प्रवाहित करनी होती है।

गंगा यहाँ एक बड़ा चिह्न है जो पितृपक्ष की स्थापना करती है। पिता के फूलों को विसर्जित करना होता है। तभी पितृऋण से मुक्ति होती है। मृत्यु का कर्मकांड इस तरह यहाँ संपन्न होता है।

लेकिन हम फिर पूछें : क्या मुक्ति मिल जाती है ? निर्मल जब-जब जीवन-मृत्यु के सवाल उठाते हैं और धर्म की ओर लौटने के लिए, उसकी समग्रता पाने के लिए दो सौ साल की यूरोपीय आधुनिकता की योजना को मनुष्य-द्रोही मानकर कोसते हैं तो वे, न तो 'अंतिम अरण्य' में और न अपने निबंधों में बता पाते हैं कि दो सौ साल हटाकर अगर हम किसी तरह उन क्षणों को बनाएँ जो आधुनिकता के इतिहास से मुक्त और कल्पित कहीं बन सकते हों और कह सकें कि वह एक समग्र संपूर्ण जीवन का क्षण था जिसे अंग्रेजों ने आकर तबाह किया जब हमें उन क्षणों में आसानी से मुक्ति मिल जाया करती थी ! निर्मल अपनी मुक्ति की वैधता को पूरी तरह सत्यापित नहीं कर पाते। कोई नहीं कर पाता। बहुत हद तक वह गूँगे का गुड़ लगती है। क्या निर्मल से नहीं पूछा जाना चाहिए कि यूरोप के आगमन से पहले के हमारे समाज में कोई दोष (जड़चेतन गुणदोषमय) नहीं थे ? हिंसा नहीं थी ? सत्ता संघर्ष नहीं थे ? विकराल जंजाल नहीं थे ? लोगों का दमन नहीं था ? औरतों और नीची जातियों का दमन नहीं था ? और यदि हम उसी धर्म-व्यवस्था को वापस लाएँ तो क्या हम पुनः वहीं नहीं पहुच जाएँगे जो कि अपने तरह का भारतीय अनादर्श था ? धर्मानुभूति के लिए उसके चिह्न चाहिए। उसके अर्थ चाहिए। उसके लिए व्यवस्था चाहिए। उसके लिए धर्म का तर्क-समग्र चाहिए ! आप उसकी समग्रता के दंड से नहीं बच सकते ? वह अगर इतना ही संपूर्ण होता तो गिरता क्यों ?

निर्मल चाहें न चाहें उनके धर्म के पाठ और आधुनिकता-विरोधी पाठ, तमाम तरह के अन्य आधुनिकता विरोधी पाठों के साथ मिलकर एक सत्ता-विमर्श ही बनाते हैं। वे सेक्युलरवाद से लड़ने के लिए सेक्युलर विरोध को भी उसी की तर्ज पर समग्र बनाते हैं। इधर

हिंदुत्ववादी भी उसे समग्र बनाते हैं जिसमें लगभग वैसी ही 'सफाई' का एजेंडा प्रकट है जैसा कि कभी जर्मनी के फासिज्म ने आश्विज में करके दिखाया था। उड़ीसा का दारा सिंह भी अपने ढंग से पश्चिम से लड़ रहा है और आदृत हो रहा है ! तो निर्मल एक ऐसे बॉर्डर पर टहलते हैं जहाँ ऐसे जोखिम हैं कि लगता है : आत्मदंड की इच्छा है यह !

निर्मल अपने इस समग्रतावाद की ओर ज्यादा ध्यान नहीं देते। यदि यह उनकी राजनीतिक च्वायस है तो ठीक है। हम उन्हें 'हिंदुत्ववादी' कह सकते हैं और उनके विमर्श को उसके परास का हिस्सा कह सकते हैं लेकिन वे ऐसा स्पष्ट नहीं करते। वे हिंदू-बोध के लेखक कहते हैं स्वयं को और फिर उसे भाजपा के हिंदुत्व से अलगा लेते हैं। (देखिए : हिंदुस्तान टाइम्स, 20.3.2000) हिंदू होना और हिंदुत्ववाद से मुक्त रहना बड़ा ही हठयोग है लेकिन निर्मल कह सकते हैं कि इस देश की जनता हिंदू है लेकिन वह सब हिंदुत्ववादी तो नहीं है।

वे किसी सनातनी हिंदू के कर्मकांड नहीं अपनाते। वे किसी वैष्णव की करुणा का जाप ज्यादा नहीं करते। वे किसी शाक्त की तरह, विवेकानंद की तरह किसी शक्ति का आवाहन भी नहीं करते। वे अनुभव की पवित्रता और समग्रता का आवाहन करते हैं लेकिन उनके बावजूद समकालीन इतिहास में उनकी पवित्रता की जिद उस तमाम पवित्रतावाद को वैध ठहराती-सी लगती है जो हिंदू के अन्य को नष्ट कर देने का इरादा छिपाता नहीं है। उत्तर-औपनिवेशिक विमर्श जब टोटल होंगे तो यही होगा। कारण कि निर्मल दो सौ साल की विकृति को ही मानते हैं यानी ईसाइयत की विकृति को मानते हैं या कहें कि ईसाइयत से भी उन्हें ज्यादा परेशानी नहीं दिखती जितनी ईसाइयत संचालित यूरोप के आधुनिकतावाद से। लेकिन इस्लाम के बरक्स वे वैसा ज्यादा नहीं बोलते जैसे कि हिंदुत्ववादी बोलते हैं। यह उनके हिंदू का हिंदुत्ववाद से फर्क है।

यदि एक इतिहास हमारे चाहे-अनचाहे है और एक सत्ता-विमर्श वह हमेशा बनाता है और हम उसके समग्रतावादी निरंकुश तत्त्व से पीछा छुड़ाने के लिए लड़ने चलते हैं तो हमें अपना समग्रतावाद भी लाना होगा। निर्मल की यह भारतीय योजना है। वे आधुनिकता से लड़ते हुए अपने ढंग की भारतीयतावादी समग्रता बनाते हैं जिसे कोई भी

हिंदुत्ववादी अपने लिए एक अस्त्र बना सकता है, बनाता है। उस समग्रतावाद से निपटने के लिए निर्मल कतई तैयार नहीं दिखते; वे अपने विमर्श में उसके प्रति सावधान भी नहीं दिखते। वे चूँकि एक समय छेकते हैं जब धर्म और मनुष्य के बीच कोई पार्थक्य नहीं रहा होगा और उस समय को लौटाने की जिम्मेदारी वे एजेंडे की तरह सब पर आयद करते हैं इसलिए उन्हें ही जबाव देना होगा और वह समय ठीक-ठीक बताना होगा जब भारत अपने धर्म के साथ 'सुखी' था और जिस सुख में आदमी बेगाना नहीं था।

आह ! यह एक विराट मिथ ही रहेगा कि ऐसा भी कोई समय रहा होगा, जब आदमी चैन में था और विभक्त नहीं था। धर्म के समस्त आख्यान यहाँ तक कि ईश्वर का विग्रह तक धर्म की ग्लानि का परिणाम कहा जाता है। यह ग्लानि अंग्रेजों के भी बहुत-बहुत पहले से होती रही है। यदि हम हिंदू धर्म के (या कहें वेदांत के या कि किसी भी ऐसी धर्म-व्यवस्था और पूजा-पद्धति के जो इसी भू-भाग में जन्मी) भीतर ग्लानि के होने के कारणों को देखें तो हमें वहाँ माया का होना मिलेगा जो अंततः उस ईश्वर की विग्रह-लीला का विस्तार है। उसमें यदि कर्मफलवाद है तो भी दोष रहता ही है कि आदमी चौरासी लाख योनियों में भटकता ही रहता है और कभी तप से, कभी भक्ति से मुक्ति पाता है। तो भी, यह मुक्ति सबको कहाँ ? निर्मल जी जानते हैं कि शूद्र को इसमें मुक्ति की कोई व्यवस्था नहीं है, औरतों की कोई मुक्ति नहीं है। वे माया ही हैं। तो निर्मल ही कभी बताएँ कि आज से दो सौ नहीं दो हजार साल पहले के किस अधिक शुद्ध धार्मिक और पवित्र परिवेश में यहाँ के निवासी के लिए क्या कोई कष्ट नहीं थे ? क्या कोई हिंसा, कोई विभक्ति नहीं थी जो उन्हें यूरोप के आने के बाद ही दिखाई देती है ? अपनी पूर्वजता का ऐसा दोषरहित मान ही समग्रता और उसकी पवित्रता की ऐसी परमता दे देता है जो यूरोपीय इतिहास के, आधुनिक इतिहास के एक मामूली से धक्के से चकनाचूर हो रहती है और फिर उठती है बदला लेने को तो एक नई आधुनिक पूर्णता को बनाकर चलती है बिना यह सोचे कि इस कथित पूर्णता में भी अधूरापन होगा और कि उसे पूर्ण किया तो हम उस स्वतंत्रता से हाथ धो बैठेंगे जिसे निर्मल आदमी के लिए, उसकी धर्म नीति के लिए अनिवार्य मानते हैं। दरअसल

निर्मल को जबाव देना है कि वे आधुनिकता की संपूर्णता से लड़ते हुए जिस समग्रतावादी विमर्श में पहुँचना चाहते हैं, वहाँ पहुँचकर उनकी आत्मा क्या एक शेर के पंजों में गिरफ्तार सुअर के अस्थिपंजर से अधिक मायने रखती है ? यदि वे आधुनिकता को नष्ट नहीं करना चाहते (जो कि वे पूरी तरह नहीं चाहते) तो उन्हें आधुनिकता को समस्यामूलक बनाते हुए भी (जैसे कि उत्तर-आधुनिकता बनाती है) या तो उसे पूर्णता की ओर लाने की बात करनी चाहिए या कि उसे पूरी तरह नष्ट करने की। यदि वे उसे अंशतः भी रखना चाहते हैं तो वह पलट कर पूछेगी कि आप अपने यूटोपिया को उसके बिना कैसे बनाएँगे ? यदि तर्क से बनाएँगे तो उसके बिना कैसे ? यदि अनुभव से भी बनाएँगे तो उसके बिना कैसे ? वह कौन-सी विद्या है जिसके जरिए हम इस कलिकाल को लाँघकर उसके पार पहुँचकर उस पवित्र प्रदेश में चले जाएँगे जहाँ सब कुछ पवित्र होगा ? यहाँ निर्मल कमजोर बने रहते हैं। ऐसे सवालों के जबाव अभी उनके पास नहीं हैं। उनके तर्कशास्त्र में अपनी समग्रता की कैद तो है उससे निजात का उपाय नहीं है। वे एक आधुनिकता को समस्याग्रस्त करते हुए अपनी किस्म की आधुनिकता में ही गिरते हैं। उनकी ताकत आधुनिकता के साथ लड़ाई में बनती है और फँसने में खत्म होती है। वे उत्तर- आधुनिकता में आते तो अपनी समग्रता से भी दो-दो हाथ करते या वे किसी सनातनी की तरह आते तो वे कलिकाल में नाम स्मरण को किसी उत्तर-आधुनिक तरकीब की तरह इस माया से मुक्त होने के काम में लगाते। लेकिन वस्तुतः उनका तर्कशास्त्री सनातनी भाव को, नाम स्मरण के भाव को, कोई अंतिम कीमिया नहीं मानता। वे फिर अनुभव के साक्षात्कार को मानते हैं जैसे कोई तपस्वी ईश्वर से साक्षात्कार को मानता है, इलहाम को मानता है। इलहाम, अनुभव की पूर्ण पवित्रता का यानी ईश्वरीय साक्षात्कार, अनुभव की उच्चावस्था, उत्कटता और समग्रता का हामी है जो फिर निर्मल को आधुनिक-विमर्श में ले आता है। वे बार-बार परमेश्वर के महावृत्तांत में जाते हैं लेकिन पूरे नहीं जा पाते। उनकी पीड़ा उन्हें आधुनिकता में ही रखती है। किसी सच्चे वैष्णव को पीड़ा नहीं होती। उसके लिए जीवन प्रभु की लीला है, लीला में रहना ही उसकी आत्मा का पोषण है और उसी में उसका अनुग्रह है, मुक्ति है।

और मुक्ति ! उसका भी अपना इतिहास है, दस्तावेज है जबकि वह इतिहास को नहीं मानती। आधुनिकता इतना विकट विमर्श है कि स्मृति तक एक इतिहास रखती है क्योंकि वह भी एक पाठ ही है। मिथक भी इतिहास का हिस्सा है क्योंकि जो भी संरचना में है इतिहास में है। निर्मल के अनुभव भी एक इतिहास हैं जिससे निर्मल को घृणा है। निर्मल इतिहास से घृणा करके इतिहास बनाते हैं वे इतिहास से दरअसल घृणा नहीं करते उसमें अपने होने और 'सिर्फ अपने होने' का आग्रह करते हैं। निर्मल भारतीय किस्म की आधुनिकता की वह समस्या हैं जो भारतीय समाज में काफी पहले यानी आजादी की लड़ाई के दौरान प्रकट हुई थी। भारतीय किस्म की आधुनिकता पश्चिमी सेक्युलर भाव की जगह अपनी परंपरा और अपने धर्म की स्मृतियों को लिए-दिए चलती है। ऐसी ही बात शायद सबाल्टर्न चिंतक पार्थ चटर्जी ने अपने एक लेख में कही है। यही तत्त्व निर्मल को दुर्निवार और निराला बनाता है क्योंकि जिस पश्चिम से वे झगड़ते हैं वह नोशन नहीं है, विषय है और वैसा ही प्रतिविषय है जैसा यूरोप ने भारत को बनाया था और उसे विषय बनाने में जो कर्ता चाहिए वह भारतीय कर्ता का ही कर्ता हो सकता है। अपना प्रतिशोध लेता हुआ ! इस झगड़े में भारतीयता के चतुर्वर्ण के भेद भी मिट जाते हैं जबकि वे होते हैं और काम करते हैं। वर्ण-व्यवस्था खुद भारतीय समाज की एक सदाबहार आधुनिक व्यवस्था सी है क्योंकि वेदों के जमाने से ही एक खास तरह का तर्कीकरण और व्यवस्थापन भारतीय भू-भाग में रहा है जिसे मैक्स वेबर जैसे ज्ञानी जन भी काट नहीं सके हैं। यदि निर्मल यहाँ भी लौटकर अपनी भारतीयता को जमाना चाहते हैं तो उन्हें यूरोप-पूर्व भारत के शंबूक और सीता को कुछ तो जबाव देना पड़ेगा जिसे इन दिनों यूरोपीय विमर्शों यानी आधुनिकता के बाद के टूटते-बिखरते उत्तर-आधुनिक विमर्शों में जगे दलित या स्त्रीत्ववादी विमर्श पूछ रहे हैं। उन्हें बताना ही होगा कि राम के बाण से मारे जाने के बाद शंबूक का अनुभव क्या सुअर वाला ही अनुभव नहीं कहा जाना चाहिए और कि राम के रामराज्य में जब सब वर्ण अपनी-अपनी जगह सुस्थिर हो गए तो क्यों बिखरे और सबको सुख हो गया, कोई किसी से बैर नहीं करता था, किसी को कोई ताप नहीं व्यापता था तो भी लोग कर्म फल में क्यों फँसे ? लेकिन यह सब तो

निर्मल की कलात्मक निजी तरकीबें हैं। यही उनका कलात्मक यूटोपिया है। मुक्ति फिर भी नहीं मिलती।

तो निर्मल जी को जबाब देना है ! जबाव आना है ! बचना नहीं है। यही पिंडदान है। हो सकता है। इस यूरोप से निकलकर निर्मल धर्म में जाते हैं और जब वहाँ भी मुक्ति नहीं मिलती तो निर्मल क्या उसी 'गंदले जल' में जाने का खतरा मोल नहीं लेते जिससे वे बरजते हैं ?

ओह ! इस पिटते हुए सेक्युलर समय में यह सवाल कठिन है और दुर्निवार भी कि हम धर्म को धारण करते हुए भी उसकी कट्टरता से कैसे बचें जो अपने लिए जीवन से ज्यादा कीमत माँगती है। यह कठिनाई जितनी निर्मल की है उतनी ही सेक्युलरों की है। निर्मल यूरोपीय फासिज्म को इसीलिए तो धिक्कारते हैं कि वह यूरोपीय तर्क की चरम मानव-द्रोही परिणति है। लेकिन उनके धर्म की चरमता क्या उन्हें अपनी भारतीयता में फासिज्म की खुराक बन जाने से रोक पा सकती है ? निर्मल को लेकर सिर्फ इतना कह देने से भी सेक्युलर का आत्मसंकट हल नहीं हो जाता। और तर्क से भागकर और 'हमारे यहाँ धर्म अलग है और वह संस्कृति है, ईसाइयत जैसा सामीपन उसमें नहीं है' आदि कहने से निर्मल की समस्या भी हल नहीं होती। क्या गारंटी कि निरंकुश राक्षस रावण नहीं बनेगा ? यदि ऐसा न होता तो धर्म की हानि की बात क्यों होती और क्या हम नहीं देख सकते कि रावण बन रहा है और राम का कहीं पता नहीं है और अब तो रावण ही राम का कपटवेश धारण करके लोगों को भरमा रहा है !

हमें अपने विमर्श में निर्मल उस गाय की तरह लगते हैं जो धरती पर अधर्म का भार बढ़ने के कारण विष्णु के पास जाती है बार-बार कि मेरा उद्धार करो। वहाँ विष्णु हैं टोटल सत्ता के प्रतीक। विमर्श कहता है कि अधर्म की माया भी उसी परात्पर की ही लीला है जिससे गाय माता त्राहि-त्राहि करती है और देवलोक परेशान रहता है। लेकिन अज्ञान का परदा तो देखें कि वे फिर भगवान के पास ही जाते हैं उद्धार के लिए ! भगवान ही लीला करके बताते हैं कि यह सब तो मेरी ही माया थी। अरे, प्रभु जब आपकी ही माया थी तो इतना चक्कर क्यों लगवाया ? आप कहते हैं कि इस लीला को तभी करते हैं जब धरती का भार बढ़ जाता है तो आप ही बताइए कि आपके होते हुए भी माया

बलवान हो जाती है ! आप होने देते हैं तब भक्त क्योंकर विद्यामाया यानी ज्ञान की ओर आएँ ? उनकी गारंटी तो आपके पास है ही ! भक्ति का मोहक विमर्श अपनी लीला की गली में अंततः बंद हो जाता है। निर्मल शायद यहीं पहुँचते हैं। यदि साहित्य ईश्वर का विग्रह है तो उनकी कथा उसकी लीला है जिसमें निर्मल बार-बार रास रचाते हैं।

विकट विमर्श है जिसमें कई अनजाने झोल हैं लेकिन जो भक्ति के 'मास मूवमेंट' में छिप जाया करते हैं। हम निर्मल जी को भक्त कवियों के पास रखकर भी/ही पढ़ सकते हैं लेकिन भक्तों ने अपना एक पक्का कीमिया बना लिया था कि आत्मा माया के वशीभूत भटकता है, कर्मफल चखता है, मानव योनि में नाम स्मरण करके भवसागर से पार जाता है। यह कथन—भक्त का कथन—एक पवित्रतम अनुभव है जिसमें समग्र ईश्वर आराध्य है लेकिन वह भक्त को बहुत बेकार और अकेला ही छोड़ता है और ऐसी मुक्ति कहीं नहीं बनी है जो इहलोक को जीने लायक बनाकर मुक्ति की बात करे ? तभी तो तमाम तरह के सोशल यूटोपिया बने ! जरा सोचें मुक्ति का यह विमर्श इतना अकेला यानी दोषपूर्ण रहा है कि शुद्ध-पवित्र होकर, केंद्रित होते हुए भी जाति एवं पंथ के विभाजनों को तब भी नहीं मिटा पाता जब यूरोप दूर-दूर कहीं नहीं होता। निर्मल उस भक्त के कीमिया से अभी बहुत दूर हैं जो 'सब तज हर भज' करके कम-से-कम जीने लायक जगह किसी तरह बनाता था। क्योंकि जीना ही भक्ति थी। मृत्यु और मोक्ष की जगह जीवन की पिपासा भक्ति की दबी हुई सब-टैक्स्ट है। निर्मल मृत्यु का समारोह करते हैं तो इसलिए कि उनके पास सचमुच कोई रास्ता नहीं बचा है। वे मृत्यु के साक्षात्कार से ही प्रतिरोध करते हैं। मृत्यु भी उनके विचार का समग्रतावाद है।

लेकिन इस परिक्रमा में ही वे लेखन की जैसी प्रदक्षिणा करते हैं उसमें एक सौंदर्य पैदा हो जाता है क्योंकि यह एक अटूट कोशिश है जो इस जमाने में अद्वितीय है जहाँ कोई विमर्श दो दिन से ज्यादा नहीं टिकता। वे क्षणभंगुर समय में मृत्यृ की चर्चा से अमरता की तलाश करते हैं। वे एक असंभव को संभव करने के दुर्दम्य आधुनिक धर्मोत्साह को उपस्थित करते हैं। कोई और लेखक ऐसा नहीं है जो पचास-पचपन साल तक बिलकुल अनमनीय रहा हो। 'परिंदे' की लतिका जहाँ प्रतीक्षा

करती है 'अंतिम अरण्य' के पात्र भी प्रतीक्षा ही करते हैं। इतनी लंबी प्रतीक्षा तो गोपियों ने भी नहीं की। यह अपने आत्म (अंश भाव) का अपने परमात्म (अंशी भाव) से मिलने की प्रतीक्षा का भाव है। इस प्रतीक्षा को निर्मल की तपस्या कहिए। उनकी आलोचना कीजिए, उनकी निंदा कीजिए, धिक्कारिए लेकिन उनसे झगड़े बिना आप हिंदी की मुक्ति नहीं कर सकते, हिंदी साहित्य में उत्तर-उपनिवेशी जातीय स्मृतियों की सार्थकता को चिह्नित नहीं कर सकते। यहाँ कोई टैक्टीकल रिट्रीट नहीं है क्योंकि यहाँ वे पश्चिम की 'मृत्यु' के रास्ते 'पूरब' के जीवन की प्रतीक्षा कर रहे हैं।

इस अर्थ में वे भारतीय किस्म के नीत्शे हैं जो दूसरा जरथ्रुस्त्र लिख रहे हैं कि ईश्वर मर गया है तो उसे जीवित करो क्योंकि ईश्वर के मर जाने के बाद जो संसार बचा है वह जीने लायक नहीं है। यदि निरंकुशता रहे तो ईश्वर की रहे। मनुष्य की न रहे। क्या हम कह सकते हैं कि मनुष्य की निरंकुशता भी निर्मल की–भक्त की–ईश्वरेच्छा की वजह से–लीला भाव की वजह से–संभव होती है तब निर्मल जी किस आधुनिकता से लड़ रहे हैं ? वह भी हरि इच्छा ही हुई न !

निर्मल आधुनिक भक्त हैं जो आधुनिकता से आधुनिक अस्त्रों से ही लड़ते हैं और अपनी आधुनिकता बनाते हैं। यह एक व्यापक विमर्श है जो यूरोप के भारत होने के बाद से जारी है, जो इसलाम के बाद से भी जारी था और भक्ति में निकला था। तब भक्ति में निकला था यह भाव अब किस में निकलेगा ? हिंदू फासिज्म में या कि हिंदू जनतंत्र में ? यह जबाव निर्मल को ही देना होगा क्योंकि यह उन्हीं का बनाया सवाल है। अपनी प्रश्नावली में निर्मल अकेले नही हैं लेकिन अपने उत्तरों में निर्मल अकेले ही होंगे ऐसा विश्वास है।

एक हिन्दू तितिक्षा

उस तितिक्षा के बारे में भी दो शब्द जरूरी हैं।

हम कह चुके हैं कि निर्मल इस उत्तर-औपनिवेशिक दौर की ऐसी आहत भारतीय आत्मा हैं जो अपने आत्म-विभाजन से मुक्ति के लिए पचास साल से छटपटा रही है। निर्मल की कथा यूरोपीय आधुनिकता में खोए भारतीय मनुष्य की मुक्ति की दुर्धर्षता की गाथा है। उनके निबंध आधुनिकता से एक सुदीर्घ और अटूट जिरह है, उनकी कथाएँ उस जिरह की दृष्टान्त या कहें कि पलटकर उनके निबंध उनके वृत्तांतों के 'पूरक' विमर्श हैं। उनकी हिन्दू तितिक्षा से इस सबका बड़ा गहरा सम्बन्ध है।

हम देख चुके हैं कि भारतीय मनुष्य के बाहर और भीतर के 'दो फाड़' से निपटने के लिए जितना जिद-भरा विमर्श निर्मल ने चलाया है, उतना दूसरे आधुनिक हिन्दी लेखक ने नहीं। अपने लेखन में उन्होंने तर्क और अनुभव के बीच ही नहीं, भारतीय विमर्श के बीच भी एक

सुसंगति पैदा करके यूरोपीय विभक्ति से निजात पाने का रास्ता भी सुझाया है। सरलीकृत प्रगतिशील आधुनिकता के वे सर्वाधिक कठिन प्रतिकार हैं, पश्चिम की आधुनिक योजनाओं के अचूक दुश्मन हैं और अपने स्वत्व की पहचान के लिए मँडराते एक भारतीय मन के आर्तनाद हैं।

वे भारत के नीत्शे हैं : जितने खतरनाक उतने ही मनोहर और अनिवार। नीत्शे को महामानव का इन्तजार था निर्मल को हर महामानव पर सन्देह है : वे उत्तर-उपनिवेशी भारत के रूपक हैं : अपने लुप्त 'स्वत्व', विदीर्णित 'स्मृति' और विकृत 'प्रकृत स्वप्न' की रक्षा करते। वे अपूर्ण और विभक्त कर दिए गए मनुष्य में पूर्णता का अहसास भरने का कलात्मक उपाय हैं। वे 'पश्चिम के भारत' हैं और 'भारत के पश्चिम' हैं। एक 'पूरब' उन्हें पश्चिम को टोकने-रोकने और ललकारने की ताकत देता है। एक 'पश्चिम' उनके पूरब को समस्याग्रस्त करता है। यह विकट उत्तर-उपनिवेशी विमर्श है जो चालू पश्चिमी विकासमूलक हिन्दी समीक्षा और विमर्श के लिए आफत करता है। निर्मल हर बार और बहुत शुरू से ही पश्चिम की 'आत्म सजगता' की जगह भारतीय 'प्रकृत भाव'; तर्क की जगह 'अनुभव'; 'इतिहास' की जगह 'स्मृति'; नास्तिक सेक्युलरानुभूति की जगह 'धर्मानुभूति' और 'देशकाल' की जगह 'पवित्र परिवेश' को रख देना चाहते हैं ताकि उन्हें उद्दालक की पौराणिक संपूर्णता मिल सके। अपने 'हिन्दू' होने पर, आज के हिन्दुत्ववादियों की तरह वे अतिरिक्त गर्वित नहीं हैं तो लज्जित तो कतई नहीं हैं। उलटे 'मूलतः हिन्दू' किन्तु प्रकटतः सेक्युलर 'लज्जितों' के धर्म-दलन के 'पाखंड' में 'सांप्रदायिकता' के 'गंदले जल' के होने का पता देते हैं। प्रगतिशील हलकों में उन्हें 'हिन्दू सांप्रदायिक' माना जाता है, उनके लिखे और किए को नए विमर्शों में डाले बिना, समस्याग्रस्त किए बिना, अनदेखा या निंदित किया जाता है। पूर्व में जो कम्युनिस्ट दंड-भाव जारी हुआ था वह निर्मल और उनके बैरियों के बीच आज तक ठना है जबकि कम्युनिस्ट संस्थाएँ अब दीन हो चुकी हैं और साहित्य-समीक्षा के व्यतीत कम्युनिस्ट रणबांकुरे हिन्दुत्ववादी नायकों की बलैया लेते, कीर्तन करते पाए जाते हैं। निर्मल हिन्दू होते हुए भी संघ के नायकों की कोर्निशें बजाते नहीं दिखते ! आश्चर्य है ! मगर यही

निर्मल है—हर आँधी-पानी में अपनी ही बात पर अडिग, अटूट और अथक !! वे कुछ भी हो सकते हैं 'अवसरवादी' नहीं हो सकते। असहमति के वक्त भी आप उन पर भरोसा कर सकते हैं। भरोसा जो एक भारतीय सांस्कृतिक मूल्य है जो यूरोपीय तर्क का विलोम है।

हम बता चुके हैं कि उनके अनुसार सांप्रदायिकता सेक्युलरवाद के धर्म दलन का ही परिणाम है। सेक्युलरवाद के यूरोपीय संस्करण को गांधी की तरह ही वे दोषी मानते हैं। यूरोप के द्वारा दमित उनका हाशियाकृत हिन्दू-हाशिया एक नए उत्तर-औपनिवेशिक पाठ की माँग करता है। वे यूरोपीय आधुनिकता की जगह अपने किस्म की आधुनिकता की तलाश में एक नई सभ्यता-समीक्षा के सूत्र देते हैं। पश्चिम की समग्रता के बरक्स एक पूरब और उसमें भी भारत की पूर्वजता और भारतीयता को समग्र बनाना चाहते हैं। एडवर्ड सईद और तमाम उत्तर-उपनिवेशी विमर्शकार निर्मल में उत्तर-आधुनिकता के सीमान्त पर जिद भरे 'स्थानीयतावादी अभिमान' और 'मूलवादी' को खूब पढ़ सकते हैं। यही उनकी समस्या नजर आ सकती है।

उनके सात निबन्ध-संग्रहों, पाँच उपन्यासों, छह कहानी-संग्रहों और तीन यात्रा- वृत्तांतों एवं डायरियों में निर्मल रामकृष्ण, विवेकानन्द, गांधी, अरविन्द, जयप्रकाश, आनन्द कुमारस्वामी, हेडेगर, नीत्शे, प्रूस्त, काफ्का, रिल्के और पता नहीं कितने विमर्शकारों और प्रसंगों से अपनी 'भारतीयता' का ताना-बाना बुनते हैं। उनकी भारतीयता पश्चिम से लगातार अतिचारित भारतीयता है जो सहनशीला है।

कोई प्रगतिवादी किस्म का सरल-दुष्ट पाठ उन्हें आसानी से हिन्दू कट्टरता का पर्याय कह सकता है फिर भी अपने हिन्दूपन में सब सहते हैं लेकिन उनके यहाँ हिन्दुत्ववाद के लिए भी कम चुनौतियाँ नहीं हैं। उनकी परंपराप्रियता में, धर्मानुभूति में अनुभव की सम्पूर्णता और पवित्रता को तलाशने की जो विकलता है वह धर्म की किसी संस्थानबद्धता को अपर्याप्त मानती है। उसके लिए ऐसे आध्यात्मिक स्पेस की जरूरत रहती है जो स्वतंत्रता का रक्षक हो, जहाँ आदमी जीवन-मृत्यु और अस्तित्व के प्रश्नों को दैनिक सम्बद्धता में जी सकता हो। उनके यहाँ धर्म ऐसी तात्त्विक अनुभूति राजनीति से मूलगामी है। वे उसके लिए कुंभ में जाते हैं, पवित्रता के प्रवाह में शामिल होते हैं

लेकिन खुद गंगा स्नान नहीं करते। वे धर्म की बात करते हैं लेकिन स्वयमपि पूजा-पाठ करने मन्दिर नहीं जाते, कोई कर्मकांड नहीं करते। उनका साहित्य एक ऐसे पवित्र स्थल की तरह है जिसमें उनकी पूजा चलती है और इहलोक की मुक्ति के लिए नीत्शे के मृत ईश्वर को भारतीय ईश्वर के लखलखे को सुंघाकर एकबारगी जीवित कर लेना चाहती है। भक्तों के लिए एक ईश्वर उपलब्ध था जो पूर्वसत्य की तरह अमर था। निर्मल के कलयुग में ईश्वर यूरोप में मारा जा चुका है उसे लौटाना साहित्य के मन्दिर में उसमें प्राण-प्रतिष्ठा करना यानी उसे लौटाना ही उनका लेखन है।

सहज सहनशील हिन्दू होना, परम्परा में होना और धर्म में होना उनके लिए दरअसल ऐसा 'प्रतिरोधी भारतीय' होना है जिसे वे अपने मन्दिर की परिक्रमा में लाकर आधुनिक दुश्चक्र से बचा ले जाना चाहते हैं ताकि मनुष्य की संपूर्णता का और पवित्रता का साक्षात्कार किया जा सके। सकल और प्रकृत मनुष्यता पाई जा सके। उनके यहाँ आने वाले गिरजों में मन्दिर के अनन्त पाठ दबे रहते हैं। गिरजे के चिह्न का विखंडन करिए और उसकी जगह मन्दिर पढ़िए। निर्मल साफ हो जाएँगे। नास्तिक प्रगतिशील उन्हें कुंभ मेले में देखकर हिन्दू कह देते हैं लेकिन निर्मल कुंभ जाकर एक भारत ढूँढ़ते हैं जो प्रवाह में मिलता है और उसका एक ईश्वर जो प्रवाह की पवित्रता में रहता है। एक उत्तर-औपनिवेशिक जिद ठहरी जो अपनी आत्मा के अधूरेपन के विरुद्ध पूर्णकाम होने के लिए धर्म की अनुभूति को अन्तिम कीमिया समझती है। वह उसकी कट्टरता के लिए नहीं जाती, धर्मानुभूति के हिन्दू जनतंत्र के लिए जाती है। उनके निबंधों में हिन्दू धर्म के चिह्नों के अनन्त बखान हैं लेकिन पश्चिम की ईसाइयत के 'अन्य' के रूप में क्योंकि जन्म से ही एक यूरोप उनके भीतर घुसा है जो उनके भारतीय को दबाए है और उस पराए को निकाल बाहर करना है। विवेकानन्द का विमर्श निर्मल में आकर मानो परवान चढ़ता है और निराली चित्ताकर्षक शुभता और शोभा को प्राप्त करता है। लेकिन विवेकानन्द से थोड़ा अलग उनका मन दो दुश्मन आत्माओं का आवास है। वह आत्म-विभक्त है जैसे कि तीसरी दुनिया के ज्यादातर उत्तर-औपनिवेशिक अनुभव और वृत्तांत हैं। वे उत्तर-उपनिवेशी प्रतिकार के विषम विमर्श

हैं उनके उत्तर-उपनिवेशी स्पेस की विषमता उत्तर आधुनिक स्पेस से लगातार गुजरती है लेकिन टिकती उत्तर-उपेनिवेशी राष्ट्रवादी समग्रता के किनारे ही है। उनकी प्रार्थना के स्वर वैष्णव गांधी के 'हिन्द-स्वराज' के किसी सूत्र के बिखरे हुए और व्याकुल 'अ-वैष्णव' चिह्न हैं। पूरी तरह वैष्णव हुए बिना भी तितिक्षा का भाव हो सकता है।

छप्पन तक वे कम्युनिस्ट हैं जो दिल्ली में कम्युनिस्ट पार्टी के लिए काम करते हैं। हंगरी दमन के बाद वे पार्टी छोड़ देते हैं। उन्हें यूरोपीय मुक्ति विमर्शों का 'अ-सत्य' दिख जाता है। उनका कांग्रेस विरोध उन्हें कम्युनिस्ट बनाता था। कांग्रेस विरोध अब भी है लेकिन कठिनाई के साथ। यूरोप का प्रवास उन्हें उस पश्चिम के समक्ष निरस्त्र करके खोलता है। युद्ध बाद का यूरोप हिटलरी और 'समाजवादी फासिज्म' से एक साथ जूझते हुए फ्रैंकफुर्त संप्रदाय और क्रिटीकल थियरी के उत्तर-मार्क्सवादी संस्करणों में विकसित होता है जहाँ से उन्हें आधुनिकता के आलोचना सूत्र पुष्ट होकर मिलते हैं और इस बिन्दु से वे अपनी जड़ों की ओर लौटते हैं। ऐसा 'पुनरागमन' हिन्दी में किसी भी दूसरे लेखक का नहीं दिखता। पश्चिम की असल समस्या आधुनिकता की सकलतावादी योजना है जिसने सब नष्ट किया है उससे निपटने के लिए उन्हें अपनी वे जड़ें याद आती हैं। ठीक उसी तरह जिस तरह इन दिनों पश्चिम में रह रहे हर प्रवासी भारतीय को अपनी जड़ें, परम्पराएँ, धर्म और भारत याद आते हैं। निर्मल हिन्दी के पहले प्रवासीपन (डायस्पोरा) के लेखक हैं जिनका 'वितर्क' उनका हृदयहार पश्चिम है लेकिन जो गले में आते ही फाँसी जैसा लगता है। और अपरिचित बेगाना बनाया गया भारत उनका 'तर्क'। यदि कोई विवेकानन्द को पढ़े तो समझेगा कि निर्मल का झगड़ा पश्चिम से कितना जबर्दस्त और अनिवार्य है क्योंकि मामला 'सभ्यतामूलक विमर्श' का है। यदि विवेकानन्द सांप्रदायिक हैं तो हम कहेंगे निर्मल भी हैं।

निर्मल उस प्रगतिशील विमर्श की 'क्षतिपूर्ति' लगते हैं जिसने मार्क्सवाद के लगभग 'इकहरे' और 'यूरोपीय पाठ' के तहत भारतीयता के भाव, धार्मिक अनुभव, स्मृति के लीला-प्रकार्य और मिथकीय स्वभाव को लगातार सैंसर करके अपने आसपास ऐसा जगत बनाया जो भारतीय समाज की मूल धड़कन से कटा-फटा रहा जबकि उसके पास

मुक्ति का एक और संपूर्ण मनुष्य रच सकने का सपना था। निर्मल जैसा पूर्व कम्युनिस्ट यदि कम्युनिस्ट विरोध में जाता है तो उसे 'सम्पूर्ण' करने के लिए। आप उसकी योजना से सहमत हों न हों।

तीन अप्रैल को जन्मा 'मेष' राशि का जातक। स्वभाव से ही परम हठीला। अपनी बात कहने के लिए मर-मिट जाने वाला कहा गया है। निर्मल कहीं भी होते ऐसे ही हठीले होते। यही उन्हें विचार की अटूटता और व्यवहार की शोभन अडिगता देता है। एक बार मोहभंग होने के बाद वे दूसरे ध्रुव पर पहुँचते हैं। ध्रुव पर ही पहुँचते हैं ऐसे लोग।

क्या निर्मल को किसी ने साहित्य की दुनिया में वैसी तिकड़में करते देखा है, जैसी कि इन दिनों उनकी उम्र के कई लोग करते पाए जाते हैं ? क्या उन्हें साहित्य में सत्ता का वैसा टुच्चा विमर्श बनाते कभी किसी ने जाना है जिसके लिए हमारे अनेक बन्धु इन दिनों मजाक के पात्र बनते हैं ? निर्मल ने साहित्य को छिछले और बदबूदार जनसंपर्क में तब्दील नहीं किया जैसा कि ज्यादातर लोगों ने इन दिनों किया हुआ है। वे दो टूक ऐसी बात कह सकते हैं जो उन्हें कहनी है चाहे वह किसी को बुरी लगे। भरसक वे कड़वा नहीं कहेंगे लेकिन ठकुर-सुहाती उनसे नहीं होती। उनका यह स्वभाव ही उनका लिखना है। अज्ञेय में योजनाप्रियता, अवाँगार्दिज्म और किसी हद तक अर्जित कौलीन्य के खेल थे लेकिन वे भी अपने मार्ग पर अटल थे। निर्मल भी अटल हैं लेकिन अवाँगार्द नहीं हैं। इसीलिए अकेले हैं। वे विमर्शकार हैं। आधुनिकता को इंच-इंच पर समयग्रस्त करते एक उत्तर-औपनिवेशिक किस्म के विमर्शकार जो तर्क की जगह अनुभव की परमता के ग्रांड नेरेटिव में बार-बार जाता है और पूर्णता को, न जानने की यातना और विकलता को ही निराले निर्वेद और उदात्तता के सौन्दर्य में ढाल देता है। आधुनिकता और उसके 'उत्तरों' के बीच वे एक विकल विभक्ति की तरह हैं जो पश्चिम का होकर पश्चिम में ढल नहीं सका और पूरब में जनम कर भी पूरब को पूरा नहीं कर सका। जिस इतिहास ने सब बदल दिया उससे प्रतिशोध लेते हुए वे इसीलिए स्मृति और परम्परा की स्थापना करते हैं। उनके विमर्श की प्रशांत गुरुत्वाकर्षकता इस विभक्ति की हर क्षण की तिक्तता से पैदा होती है।

प्रतीक्षा, आहट, स्वप्न, अँधेरा, धुँधलका, मौन, पतझर, सूनापन,

खोयापन, एकान्त, अकेलापन, उदासी, शान्ति, क्लासिकल संगीत, मोजार्ट, बीथोफेन, सिंफनी, मौसम, पहाड़, पब, बार, लैंपपोस्ट, सड़कें, पुराने भवन, गिरजे, मन्दिर, पार्क, पुरानी गलियाँ, वियेना, प्राग, पेरिस लन्दन, युद्ध, खंडहर, उजाड़, स्मृतियाँ, प्रायः वृद्धपात्र, प्रेम के अति सजग भाव और सधे अभावुक पल, हल्के स्पर्श, अविवाहित स्त्रियाँ और उनके विरक्त व्यवहार, गिरजे और उनके भीतर उड़ते-गिरते पत्ते, परिंदे, दुनिया-भर की शराबें और दर्द-भरा घुमक्कड़पन जिसमें छूटने, जाने की जल्दी और पीड़ा है, मृत्यु और उसका बार-बार आना, जगहों का प्रबल प्रभावी वर्णन और भीतरी दुनिया की अपूर्णता और बियाबान का कथन, सिमिट्रियों और मसानों का होना, गंगा के तट और प्रवाह में बहना, बनैलापन, भुतैलापन ऐसे अनेक स्थायी व्यंजक हैं जो उनकी कहानियों, उपन्यासों में ही नहीं निबंधों और यात्रा-डायरियों तक में आते-जाते हैं। वे जिस मृत्यु को बार-बार दिखाते हैं वह उनके भीतर के पश्चिम की मृत्यु का रूपक ही है। निर्मल के मृत्यु के रूपक पश्चिम की मृत्यु के रूपक ही हैं। आधुनिक अकेलेपन के मरने का रूपक है। 'अरण्य' नए श्रीमद्भागवत की तरह है जो मरने की कला के बारे में बताता है और सहने की कला सिखाता है।

यह 'तितिक्षा भाव' है जो किसी भी गहरे आघात या दुःख को सहने-झेलने का आत्म-क्षमा भाव है। 'तितिक्षा' का यह भाव 'अरण्य' में अपने चरम पर है अपनी समस्त कलात्मक ऊँचाई के साथ। निर्मल के लेखन को यदि किसी एक शब्द से अभिहित किया जा सकता है तो वह शब्द होगा : 'तितिक्षा'। वे हिन्दी के तितिक्षु लेखक हैं। पचास साल की तितिक्षा की वाणी हैं वे। इस तितिक्षा में मृत्यु का विराट विमर्श शुद्ध भारतीय विमर्श है। उसे यहाँ सब सहते हैं। सहना ही तितिक्षा है। वह नश्वरता की निरुद्विग्न कथा है। यह उदात्तता निर्वेद पैदा करती है। यह उदात्तता निर्मल का 'यू एस पी' है जो अनुदात्त समय में उनके दुश्मनों को भी उन्हें पढ़ने को विवश करती है। हिन्दी में उदात्त-पाठ का ऐसा लौटना एक 'उत्तर औपनिवेशिक' पलट है। उदात्त ही पश्चिम के तर्कवाद का, आधुनिकता का निषेध है यही निर्मल का प्राप्य है।

क्रान्ति के उग्र स्वप्न से छूटकर वे जो लम्बी यात्रा करते हैं उदात्तता उसका हासिल है। उदात्तता निर्वेद के निर्माण से आती है। निर्वेद का

निर्माण, किसी पूर्ण सत्य/अनुभव के होने की चिर प्रतीक्षा, स्मृति के विराग-भाव का निर्माण जिसमें राग दूर अनुशासित रहता है, निर्मल को एक भारतीय किस्म का तितिक्षु बनाते हैं।

ज्ञानपीठ ने सम्मान देकर इस निर्मल तितिक्षु भाव पर ही मुहर लगाई है। निर्मल के जोखिम भी कम नहीं। अपने तितिक्षु हिन्दू भाव से अभी उन्हें कट्टर और फासिस्ट हिन्दुत्ववाद से अपने निजी हिन्दू जनतंत्र के पार्थक्य को स्पष्ट करना है और हिन्दू भाव की परमता में वाष्पित कर दिए जाने वाले सामाजिक प्रश्नों के उत्तर भी खोजने हैं, अपने हिन्दू भाव की भावात्मक समग्रता में दलितों और स्त्रियों की जगह की बात करनी है और पूर्ण मुक्ति की अवधारणा को भी स्पष्ट करना है। निर्मल समस्याहीन नहीं हैं बल्कि उनकी समस्याएँ ज्यादा विकट और तलवार की धार पर चलने जैसी हैं। एक तितिक्षु से इन सवालों का, सहने और जवाब देने का आग्रह किया जाना चाहिए।

●●●